KB131625

미국 수업시간에 배우는

WRITING 절대 매뉴얼

WRITING 절대 매뉴얼 입문편 (The Absolute Writing Manual 1)

지은이 유원호
펴낸이 임상진
펴낸곳 (주)넥서스

초판 1쇄 발행 2012년 1월 5일
초판 23쇄 발행 2024년 5월 1일

출판신고 1992년 4월 3일 제311-2002-2호
주소 10880 경기도 파주시 지목로 5
전화 (02)330-5500 팩스 (02)330-5555

ISBN 979-89-5797-937-2 13740

www.nexusbook.com

THE ABSOLUTE

미국 수업시간에 배우는

WRITING

절대 매뉴얼 입문편

유원호 지음

넥서스

가은이와 근욱이에게

이 책 The Little Red Writing Book을

바칩니다.

Intro 들어가는 말

〈각종 듣기 평가 완벽 대비 영어 듣기·발음 절대 매뉴얼〉과 같이 이 책은 제가 지난 10여 년간 미국 MIT와 UCLA, 그리고 한국에서 강의했던 내용을 모아서 책으로 엮은 것입니다. 우리나라에서는 최근에야 비평적 사고 능력을 함양시키는 작문 실력을 중요시하게 되었지만, 미국에서는 예전부터 항상 작문을 가장 중요시하였습니다. 생활 영어는 미국 거지도 다 하지만 같은 원어민이라도 작문 실력은 천차만별이기 때문이죠. 원어민이든 비원어민이든 진정한 고급 영어의 척도는 작문 실력입니다.

영작문이 어려운 가장 큰 이유 중 하나는 학생들이 영작문에 필요한 고급 문법에 취약하다는 것입니다. 영작문에만 특별히 쓰이는 문법을 모르기 때문에 쓸 수가 없고, 단어의 뜻을 다 알아도 독해가 힘들어지는 것이지요. 이 책에서는 제가 미국에서 영작문 시간에 가르쳤던 작문과 독해에 꼭 필요한 고급 문법을 우리말로 쉽게 풀이하여 설명하였습니다.

영어 한 마디 못하던 고3 때 미국으로 이민을 간 후 학교를 중퇴하고 6년 동안 한인 타운의 한국 이민자와 멕시코 사람들 사이에서 잡일을 하며 살던 제가, 미국 유수 대학에서 영작문을 가르친 사실을 알면 사람들은 믿을 수 없다는 듯이 저를 쳐다봅니다. 마치 영어를 하루아침에 잘할 수 있는 저만의 비법이 있는 것처럼 어떻게 영어 공부를 하면 되냐고 물어봅니다.

물론 노력하지 않고 영어를 잘할 수 있는 비법은 없습니다. 특히 작문과 독해에 꼭 필요한 고급 문법은 더 그렇죠. 단지 제가 할 수 있는 일은 저에게도 어려웠던 문법을 쉽게 잘 설명해 줌으로써 제가 겪었던 것과 똑같은 어려움을 겪고 있는 우리나라 사람들이 좀 더 짧은 시간에 효과적으로 영어를 배울 수 있도록 길을 안내해 주는 것이라고 생각합니다.

끝으로 이 책을 내는 데 도움을 주신 분들께 감사의 마음을 전합니다. 저의 부족한 책이 출판될 수 있도록 도와주신 넥서스 출판사 관계자 여러분, 원고 교정과 예문 해석에 도움을 주신 서강 글쓰기 센터 윤정완 연구원님, 대학 생활을 막 시작한 풋풋한 서강대 새내기들에게 영작문 강의를 할 수 있도록 도와주신 유신재 신부님. 이 모든 분들께 진심으로 감사드립니다.

이 책의 구성 및 특징

Quiz

각 Lesson 도입부에 Lesson 전체 내용을 함축한 Quiz를 삽입하여, 배울 내용을 미리 생각해 보고 preview 할 수 있습니다.

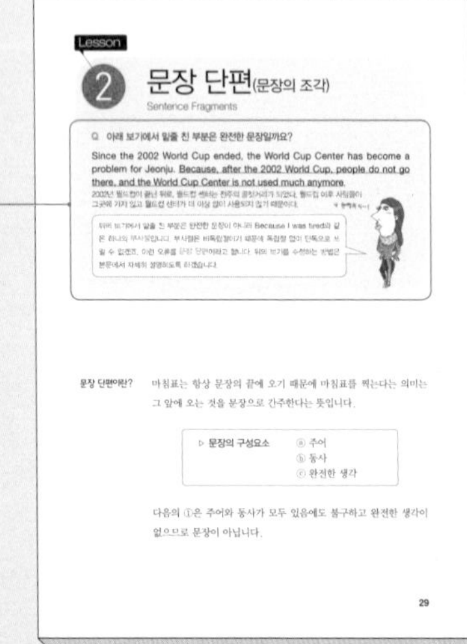

Lesson 2 문장 단편(문장의 조각)
Sentence Fragments

Q 아래 보기에서 밑줄 친 부분은 완전한 문장일까요?

Since the 2002 World Cup ended, the World Cup Center has become a problem for Jeonju. Because, after the 2002 World Cup, people do not go there, and the World Cup Center is not used much anymore.
2002년 월드컵이 끝난 뒤로, 월드컵 센터는 전주의 골칫거리가 되었다. 월드컵 이후 사람들이 그곳에 가지 않고 월드컵 센터가 더 이상 많이 사용되지 않기 때문이다.

문장 단편이란? 마침표는 항상 문장의 끝에 오기 때문에 마침표를 찍는다는 의미는 그 앞에 오는 것을 문장으로 간주한다는 뜻입니다.

▷ 문장의 구성요소 ⓐ 주어 ⓑ 동사 ⓒ 완전한 생각

다음의 ①은 주어와 동사가 모두 있음에도 불구하고 완전한 생각이 없으므로 문장이 아닙니다.

29

소제목

단락마다 주요 내용을 쏙쏙 뽑은 소제목만 읽어도 전체 내용을 훑어볼 수 있습니다.

⑧ They may be unaware of the existence of lower-class values and consequently fail to take them into account. But there is very little frank and conscious espousal of the interests of any one social class by the people who have the power to make decisions in education.
그들은 아마도 하층민 가치의 존재를 모를지도 모르고, 그래서 그것들을 고려하지 못할지도 모른다. 그러나 교육에 대한 결정권을 가진 사람들이 어느 한 사회 계층의 이익을 노골적이고 의식적으로 지지하는 경우는 거의 없다.

이유는 아주 간단합니다. 문장이 너무 길기 때문이죠. 보통 한 문장이 30단어 이상 되면 너무 길어서 이해하기가 어려워집니다. ⑦, ⑧을 각각 , and와 , but으로 연결하면 모두 45단어가 넘는 중문이 되어 버립니다. 그래서 두 문장으로 끊은 것이죠.

동위 접속사 대신 접속 부사

잡지나 신문에서는 ⑦, ⑧과 같이 And 또는 But으로 시작하는 문장을 사용해도 무방합니다. 하지만 에세이를 쓰는 학생이라면 접속 부사를 사용하여 And 대신 Moreover,을, But 대신 However,를 쓰는 것이 좋습니다. 그리고 And와 But은 접속사이기 때문에 뒤에 쉼표를 사용하지 않지만 Moreover와 However는 부사이기 때문에 쉼표를 사용한다는 것도 기억해 두기 바랍니다.

이것만은 확실히

Lesson이 끝날 때 전체 내용을 요약하여 정리한 '이것만은 확실히' 코너로 학습 내용을 한 번 더 복습할 수 있습니다.

이것만은 확실히

- 동위 접속사가 두 개의 독립절을 연결할 때는 쉼표를 사용한다.
  It was his apartment, but his sisters were the boss.
- 동위 접속사가 구나 비독립절을 연결할 때는 쉼표를 사용하지 않는다.
  Paul has just returned from his trip to Europe and will start looking for a job right away.

48

xcercise

1. 다음 광고 글에서 문법적으로 틀린 곳을 찾아 수정하세요.

Honesty. It's as important as any other asset. Because a business that deals in truth, openness, and fair value cannot help but do well. It is toward this end that we support the Better Business Bureau. Come join us. And profit from it.[24]

2. 다음 문장에서 문법적으로 틀린 곳을 찾아 수정하세요.

Nowadays, Incheon is becoming a global city by holding several international events, also a lot of countries all over the world have started to pay attention to the development of Incheon.[25]

3. 다음 글에서 but neither을 등위 접속사 하나로 대체하여 문장을 완성하세요.

That is because morality and freedom are not empirical concepts. We can't prove that they exist, but neither can we make sense of our moral lives without presupposing them.[26]

4. 다음 글에서 쉼표가 있어야 할 열두 곳을 찾아 쉼표를 찍으세요.

Poultry Princess

Paige Phillips a 16-year-old freshman who plans to study physics recently was named the Poultry Princess in Washington County Ohio where she was raised.

"I love chickens" says Phillips who has been a 4H Club member for 10 years and who has raised hundreds of chickens. She won dozens of awards for showing chickens and is an expert on their care and feeding often traveling across the county with her crown to educate others. Dissatisfied

84

with commercial poultry leg ID band she constructed Velcro bands with embroidered ID numbers.

"Chickens are simple silly and fun" says this expert adding it is in fact the chicken that comes before the egg.[27]

5. 다음 글을 읽고 표시된 곳에 알맞은 구두점을 넣으세요.

Initially ▒ learners need to understand that a basic characteristic of every English word containing more than one syllable is its stress pattern. They also need to understand that even if all the individual sounds are pronounced correctly ▒ incorrect placement of stress can cause misunderstanding. Thus ▒ our first step as teachers is to clarify the following ▒ (a) how native speakers highlight a stressed syllable (length, volume, and pitch) ▒ (b) how they produce unstressed syllables (often with vowel reduction) ▒ (c) and what the three main levels of stress are (strongly stressed, lightly stressed, and unstressed).

Next ▒ we need to examine the primary dilemma faced by our students—namely ▒ hearing and predicting where stress falls in words. As mentioned earlier ▒ word stress in English is not nearly as predictable as it is in languages such as French or Polish ▒ nor does English indicate irregularly placed stress patterns through stress or accent marks in the spelling ▒ which is the case in Spanish.

Nonetheless ▒ stress placement in English words is for the most part a rule-governed phenomenon ▒ and explicit teaching of word stress patterns should be a part of the ESL pronunciation curriculum. When addressing this in the classroom ▒ it is the teacher's task to minimize students' frustration and to clarify the systematicity of stress placement in words.[28]

85

Exercise

Part가 끝나면 연습문제로 향상된 실력을 확인해 볼 수 있습니다.

Sample Essay

Sample Essay 분석을 통해 문장의 구조를 이해하고 글쓰기의 요령을 익힐 수 있습니다.

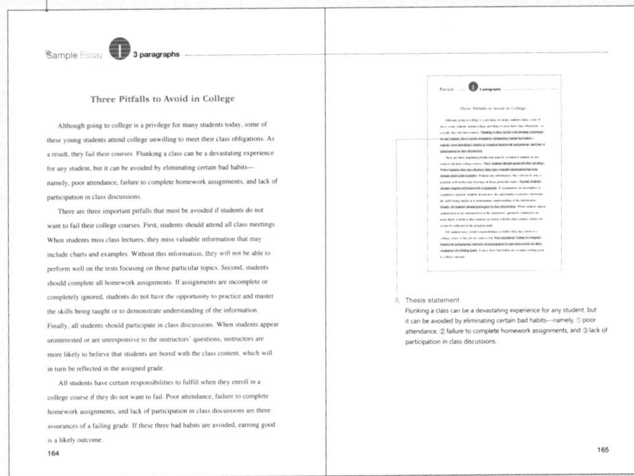

Sample Essay 1 3 paragraphs

Three Pitfalls to Avoid in College

Although going to college is a privilege for many students today, some of these young students attend college unwilling to meet their class obligations. As a result, they fail their courses. Flunking a class can be a devastating experience for any student, but it can be avoided by eliminating certain bad habits—namely, poor attendance, failure to complete homework assignments, and lack of participation in class discussions.

There are three important pitfalls that must be avoided if students do not want to fail their college courses. First, students should attend all class meetings. When students miss class lectures, they miss valuable information that may include charts and examples. Without this information, they will not be able to perform well on the tests focusing on those particular topics. Second, students should complete all homework assignments. If assignments are incomplete or completely ignored, students do not have the opportunity to practice and master the skills being taught or to demonstrate understanding of the information. Finally, all students should participate in class discussions. When students appear uninterested or are unresponsive to the instructors' questions, instructors are more likely to believe that students are bored with the class content, which will in turn be reflected in the assigned grade.

All students have certain responsibilities to fulfill when they enroll in a college course if they do not want to fail. Poor attendance, failure to complete homework assignments, and lack of participation in class discussions are three assurances of a failing grade. If these three bad habits are avoided, earning good is a likely outcome.

164

Thesis statement

Flunking a class can be a devastating experience for any student, but it can be avoided by eliminating certain bad habits—namely, ① poor attendance, ② failure to complete homework assignments, and ③ lack of participation in class discussions.

165

Contents 목차

PART 1 신호등의 역할을 하는 구두점
Punctuation Marks

PART 2 영작문의 최대 미덕은 간결성
Brevity

PART 3 알고 보면 너무 쉬운 영어 에세이 작성법
Essay Organization

이 책에 나오는 **문법 용어**

Punctuation Marks	구두점
Comma	쉼표(,)
Period	마침표(.)
Semi-Colon	세미콜론(;)
Colon	콜론(:)
Apostrophe	아포스트로피(')
Dash	대시(—)
Hyphen	하이픈(-)
Conjunctive Adverb	접속 부사
Coordinating Conjunction	등위 접속사
Subordinating Conjunction	종속 접속사
Independent Clause	독립절(주절)
Dependent Clause	비독립절(종속절)
Simple Sentence	단문
Compound Sentence	중문
Complex Sentence	복문
Compound-Complex Sentence	중복문
Sentence Fragment	문장 단편
Appositive	동격 명사구
Participial Phrase	분사구문
Restrictive Use	한정용법
Non-Restrictive Use	비한정용법(계속용법)
Parallelism	대구법
Chiasmus	교차 배열법
Transitional Phrase	연결구
Dangling Modifier (Dangling Participle)	현수 수식어(현수 분사)
Thesis Statement	논제 서술문
Topic Sentence	주제문

PART 1

신호등의 역할을 하는 구두점
Punctuation Marks

WRITING

길이
복잡할 때는
신호등부터
보세요!

MANUAL

Part 1

신호등의 역할을 하는 구두점

Punctuation Marks

구어체 영어와 문어체 영어의 가장 큰 차이점은 무엇일까요? 여러 가지가 있겠지만 그중 가장 눈에 쉽게 띄는 차이점은 구두점punctuation marks입니다. 다음 문장을 한번 읽어 보세요.

> If you want to become a good writer, you need to learn how to use punctuation marks properly.
>
> 좋은 작가가 되길 원한다면, 당신은 구두점을 어떻게 적절히 사용하는지에 대해 배워야 한다.

설마 "If you want to become a good writer **comma** you need to learn how to use punctuation marks properly **period**"라고 읽지는 않았겠지요. 책을 읽거나 말을 할 때에는 구두점에 신경을 쓰지 않지만, 똑같은 문장이라도 작문을 할 때에는 comma나 period와 같은 구두점을 꼭 찍어야 합니다.

구두점이 중요한 이유는 똑같은 문장이라도 구두점에 의해 전혀 다른 의미가 되기 때문입니다. A woman without her man is nothing이라는 문장에 적절한 구두점을 찍으라고 하면, 남학생들은 금방 ①과 같이 구두점을 찍습니다. 하지만 여학생들은 곰곰이 생각을 하다가 ②와 같이 구두점을 찍죠.

① A woman, without her man, is nothing.
남자 없이 여자는 아무것도 아니다.

② A woman: without her, man is nothing.
여자: 그녀 없이 인류는 아무것도 아니다.

영작문에서 구두점은 찻길의 신호등과 같은 역할을 합니다. 차나 사람이 많지 않은 한적한 곳에서는 신호등이 많이 필요하지도 않고 가끔 신호를 어겨도 큰 사고가 나지 않습니다. 하지만 복잡한 도심에서 신호를 지키지 않고 운전을 한다면 어떻게 될까요? 만약 신호등이 갑자기 작동을 멈추기라도 한다면 금방 대형 사고로 이어지겠죠.

마찬가지로 간단한 문장에서는 쉼표가 하나쯤 빠져도 문제가 되지 않지만 길고 어려운 문장일수록 쉼표나 다른 구두점의 역할이 더욱 중요해집니다. 쉼표 하나가 빠짐으로써 틀린 문장이 되기도 하고 전혀 뜻을 이해할 수 없는 문장이 되기도 하기 때문이죠.

쉼표의 중요성을 다음 문장을 보면서 확인해 보도록 하겠습니다.

Opening in limited releaseⓐ, *Confessions of a Dangerous Mind*ⓑ, the Charlie Kaufman-penned movie about the game-show creator and host Chuck Barrisⓒ, is generating the same sort of controversy among critics that Barris's *The Gong Show* touched off a quarter-century ago.[1]

제한적으로 개봉하는, 게임 쇼의 창시자이자 호스트인 척 배리스에 대하여 찰리 카우프만이 각본을 쓴 영화 〈위험한 마음의 고백〉은 비평가들 사이에서 배리스의 〈징쇼〉가 25년 전에 촉발시켰던 것과 비슷한 종류의 논쟁을 일으키고 있다.

40단어 가까이 되는 이런 긴 문장을 접하면 우선 학생들은 긴장을 합니다. 그리고 처음부터 하나하나 모두 해석을 하려고 하다가 복잡한 문장 구조 때문에 결국 포기하고 말죠. 이런 복잡한 문장을 접했을 때는 우선 수식 어구를 제외하고 해석을 해야 합니다. 수식 어구를 제외한 주절의 문장을 해석하려면 우선 주절의 동사를 찾은 뒤 그 동사의 주어를 찾아야 하죠. 그럼 주절 동사인 is generating의 주어는 무엇일까요?

동사의 주어를 찾을 때 가장 먼저 봐야 할 것이 쉼표입니다. 주어와 동사 사이는 절대 쉼표로 끊을 수 없기 때문이죠. 그러므로 is generating 앞에 있는 쉼표ⓑ와 쉼표ⓒ 사이의 명사구는 주어가 될 수 없습니다.(이 명사구는 〈Lesson 9〉에서 배울 '동격 명사구'라는 수식 어구입니다.)

> 문장의 이해를 돕기 위해 다음과 같이 주어와 동사 사이에 쉼표를 사용할 수도 있지만 아주 예외적인 경우입니다.[2]
>
> Patients who can, walk up and down the halls several times a day.

나머지 〈Confessions of a Dangerous Mind〉와 Opening in limited release 중에는 명사구인 〈Confessions of a Dangerous Mind〉가 is generating의 주어가 되겠죠. 주어 앞에 있는 쉼표ⓐ까지의 어구는 주어를 꾸며 주는 수식 어구이기 때문에 이것도 삭제하면 아래와 같이 해석이 용이한 문장이 됩니다.(주어 앞의 수식 어구는 〈Lesson 10〉에서 배울 '분사구문'입니다.)

Opening in limited releaseⓐ, *Confessions of a Dangerous Mind*ⓑ, the Charlie Kaufman-penned movie about the game-show creator and host Chuck Barrisⓒ, is generating the same sort of controversy among critics that Barris's *The Gong Show* touched off a quarter-century ago.

위의 예문에서 나타난 바와 같이 복잡한 문장의 해석을 가능하게 만드는 것이 바로 쉼표입니다. 만약 이 문장에서 쉼표가 하나라도 빠진다면 해석이 거의 불가능한 문장이 되어 버리죠. 이제 구두점의 중요성을 이해했으니 올바른 쉼표 사용법을 배우기 위해 기본이 되는 접속사의 종류, 주절과 종속절, 그리고 중문과 복문에 대해 배워 보도록 하겠습니다.

유유상종

Birds of a feather flock together.

Q 아래의 단어들은 〈Lesson 1〉에서 배울 문법 용어입니다. 이 용어들을 좋은 것과 나쁜 것으로 분류할 수 있다면 어떻게 하는 것이 좋을지 분류해 보세요.

ⓐ 등위 접속사 ⓑ 종속 접속사 ⓒ 독립절
ⓓ 비독립절 ⓔ 중문 ⓕ 복문

등위 접속사와 독립절이 각각 종속 접속사와 비독립절보다는 어감이 좋다는 것은 짐작할 수 있습니다. 중문과 복문은 좋고 나쁜 것으로 나누기가 어렵지만 복잡한 문장이 복문이라고 생각하면 쉬워집니다.

Good	등위 접속사	독립절	중문
Bad	종속 접속사	비독립절	복문

왜 갑자기 문법 용어를 좋은 것과 나쁜 것으로 나누는지는 본문에서 설명하겠습니다.

등위 접속사와 종속 접속사

Coordinating Conjunction vs. Subordinating Conjunction

but은 접속사, however는 부사

다음 문장 중에서 쉼표의 용법이 틀린 것은 무엇일까요?

① I don't like grammar, but I love Isaiah's grammar class.

② I don't like grammar, however I love Isaiah's grammar class.

③ Although I don't like grammar, I love Isaiah's grammar class.

정답은 ②입니다. however는 접속사(conjunction)가 아닌 부사(adverb)이기 때문입니다. 흔히 접속 부사conjunctive adverb라고 해서 접속사와 혼동하기 쉽지만 however는 엄연히 접속사가 아닌 부사입니다. 부사가 두 문장을 연결할 수 없는 것은 당연하겠지요. 그래서 ②가 틀린 문장이 되는 것입니다.

however는 쉼표(,) 대신 세미콜론(;)

〈Lesson 3〉에서 다시 자세히 설명을 하겠지만 부사인 however는 두 문장을 연결할 수 없기 때문에 ②−1과 같이 semi-colon을 사용하거나 ②−2와 같이 두 문장으로 나눠야 합니다.

②–1 I don't like grammar; however, I love Isaiah's grammar class.

②–2 I don't like grammar. However, I love Isaiah's grammar class.

접속사의 종류

쉼표의 기본적인 용법 외에 다른 구두점의 사용법을 배우려면 우선 접속사의 종류를 배우는 것이 중요합니다. 영어에는 두 종류의 접속사가 있습니다. but과 같이 명사와 명사, 형용사와 형용사, 구와 구, 절과 절 등의 문법적으로 대등한 것을 이어 주는 등위 접속사coordinating conjunction와, although와 같이 종속절(또는 비독립절)을 주절(또는 독립절)과 연결하는 종속 접속사subordinating conjunction가 있습니다.

좋은 접속사와 나쁜 접속사

그렇다면 등위 접속사와 종속 접속사 둘 중에 어떤 것이 더 좋을까요? 물론 대등한 관계를 의미하는 '등위' 접속사가 더 좋겠죠. 아무래도 어디에 '종속'된다는 것은 별로 기분이 좋지 않습니다. 무슨 뜬금없는 소리냐고 할지 모르겠지만 좋은 것과 나쁜 것을 구별하는 것은 아주 중요합니다. 〈Lesson 1〉의 제목이 '유유상종'인 것처럼 좋은 것은 좋은 것끼리 뭉치고 나쁜 것은 나쁜 것끼리 뭉치기 때문이죠.

등위 접속사와 종속 접속사 자세히 보기

등위 접속사가 종속 접속사보다 좋은 또 하나의 이유는 등위 접속사는 7개밖에 없지만 종속 접속사는 셀 수 없을 정도로 많기 때문입니다. 이 7개 등위 접속사의 첫 알파벳을 합치면 FANBOYS라는 단어가 됩니다.

등위 접속사	종속 접속사
For, And, Nor, But, Or, Yet, So (FANBOYS)	although, though, because, since, as, if, when, before, after, until, so that, whether, that...

for와 because의 의미 차이

for는 because와 비슷한 뜻을 가지고 있습니다. 하지만 because는 말 그대로 원인(cause)과 결과의 관계를 나타내는 반면 for는 인과관계보다는 주로 부연 설명을 하는 데 쓰입니다. 등위 접속사 for를 설명할 때 가장 흔히 쓰는 문장 중의 하나는 ④입니다.

④ It must be morning, for the birds are singing.
새들이 지저귀는 것을 보니 아침이 틀림없는 것 같다.

이 문장을 보면 새가 노래하기 때문에 아침이 된 것이 아니고, 오히려 아침이기 때문에 새들이 지저귀는 것이지요. for 뒤의 문장이 for 앞의 문장의 원인이 되지 않습니다. ④와 ⑤를 비교하면 for와 because의 차이를 잘 알 수 있습니다.

⑤ I went to sleep early because I was tired.
피곤했기 때문에 나는 일찍 잠을 잤다.

⑤의 의미를 보면 because절이 주절의 원인을 설명하고 있다는 것을 알 수 있죠.

for는 등위 접속사, because는 종속 접속사

for와 because의 또 하나의 차이점은 무엇일까요? for는 등위 접속사이고 because는 종속 접속사라는 것이죠. 이것을 나누는 것이 중요한 이유는 쉼표 때문입니다. for는 등위 접속사이기 때문에 ④에서 for 앞에 쉼표가 사용되었지만, because는 종속 접속사이기 때문에 ⑤에서와 같이 쉼표를 사용하지 않습니다.(이 comma rule은 〈Lesson 4〉에서 다시 설명하도록 하겠습니다.)

쉼표에 따른 because의 의미 변화

그런데 종종 ⑥과 같이 because 앞에 쉼표를 쓰는 경우를 볼 수 있습니다. 이때의 because는 쉼표와 함께 쓰이지 않은 ⑦의 because와 같은 뜻일까요?[3]

⑥ My friend was probably fired, because I don't see him anywhere.
어디에서도 내 친구를 볼 수 없는 것을 보니, 아마도 해고당한 것 같다.

⑦ My friend was fired because he didn't come to work on time.
내 친구는 제시간에 출근하지 않았기 때문에 해고당했다.

⑦에서는 because절이 주절의 원인이 되지만 ⑥에서는 원인이 되지 못합니다. 다시 말해 쉼표를 넣어 줌으로써 ⑥의 because는 for의 뜻을 가지게 된 것이죠.

formal한 문장에 쓰는 for

그럼 왜 for를 사용하지 않고 because를 사용했을까요? 등위 접속사 for는 성경책이나 학술 논문과 같은 아주 격식을 차린 문어체에서 주로 사용되기 때문입니다.

⑧ Let us eat and drink, for tomorrow we shall die.
내일이면 죽을테니 먹고 마시게 하소서. (이사야서 22장 13절)

친구랑 대화를 하는데 It must be morning, for the birds are singing.이나 My friend was probably fired, for I don't see him anywhere. 등의 성경책 같은 말투를 쓴다면 좋아할 사람이 별로 없겠죠.

등위 접속사 nor와 yet의 용법

등위 접속사 nor는 다른 접속사와는 달리 부정의 의미를 포함하고 있기 때문에 ⑨와 같이 두 문장을 이어줄 때는 nor 뒤의 문장이 도치가 됩니다.

⑨ I can't go, nor do I want to.
나는 갈 수도, 가고 싶지도 않다.

⑩ I was really tired, (and) yet I couldn't fall asleep.
나는 정말로 피곤했지만 잠들 수 없었다.

그리고 but과 비슷한 의미를 가지고 있는 등위 접속사 yet은 특히 구어체에서 ⑩과 같이 자주 and와 함께 쓰입니다.

이것만은 확실히

1. 등위 접속사 = **FANBOYS**
2. but = 등위 접속사 & however = 접속 부사
3. for = 등위 접속사 & because = 종속 접속사

독립절과 비독립절

Independent Clause vs. Dependent Clause

절의 종류

접속사가 두 종류로 나뉘는 것과 같이 절clause도 두 종류로 나뉩니다. 주절이라고 불리는 독립절independent clause과 종속절이라고 불리는 비독립절dependent clause이 그 종류입니다. 그럼 독립절과 비독립절 중에 어떤 것이 더 좋을까요? 물론 독립절입니다. 미국의 Independence Day(독립 기념일)나 우리나라의 광복절처럼 Independence Day를 기념하는 나라는 있어도 Dependence Day를 기념하는 나라는 없습니다.

좋은 절과 나쁜 절

독립절이 비독립절보다 좋은 진짜 이유는, 독립절은 한 종류밖에 없지만 비독립절은 '명사절', '형용사절', '부사절'의 세 종류로 다시 나뉜다는 점입니다.

절이란?

그런데 독립절과 비독립절의 차이를 설명하기 전에 먼저 '절'이 무엇인지를 알아야겠죠. 쉽게 단어word가 모여서 구phrase가 되고, 구phrase가 모여서 절clause이 되고, 절clause이 모여 문장sentence이 된다고 이해하면 됩니다.

단어 〈 구 〈 절 〈 문장

① Run!
뛰어!

② Money talks.
돈이 말한다. / 돈이 힘이다. / 돈이 결정한다.

③ *Because I was tired.
왜냐하면 나는 피곤했기 때문이다.

* 표시는 비문(문법에 맞지 않는 문장)입니다.

문장이 가장 상위 개념이기는 하지만 그렇다고 항상 단어 수가 많은 것은 아닙니다. ①과 같은 명령문에서는 동사 하나만으로도 문장이 성립되니까요. 하지만 대부분의 문장에서는 ②와 같이 최소한 주어와 동사가 필요합니다. 그런데 ③의 예문을 보면 주어와 동사가 모두 있는데 왜 문장이 성립이 되지 않는 비문일까요? 다시 말해, ②에는 있고 ③에는 없는 것이 도대체 무엇일까요?

절과 문장의 차이

③ *Because I was tired.에는 주어와 동사가 모두 존재하지만 ② Money talks.와는 달리 완전한 생각complete idea이 없습니다. 그래서 ② Money talks.는 문장이 되지만 ③ *Because I was tired.는 문장이 아닌 (비독립)절이 됩니다. 게다가 마침표는 문장의 끝에만 찍어야 하는데, 비독립절인 Because I was tired. 끝에 마침표를 사용하였기 때문에 비문이 된 것입니다.(이 내용은 〈Lesson 2〉에서 자세히 설명하겠습니다.) 그럼 여기서 문장과 절, 그리고 독립절과 비독립절의 차이점을 다시 한번 정리해 보겠습니다. 별것 아닌 것 같지만 절과 문장의 구별은 구두점을 배우는 데 초석이 되는 것이므로 꼭 알아두어야 합니다.

▷ **문장** = 주어 + 동사 + 완전한 생각

▷ **절** = 주어 + 동사 + (완전한 생각)

- ▷ **독립절** = 주어 + 동사 + 완전한 생각
- ▷ **비독립절** = 주어 + 동사 + ~~완전한 생각~~
  - ↳ 명사절 · 형용사절 · 부사절

문장과 독립절은 Superman과 Clark Kent?

그런데 문장과 독립절은 구성 요소가 똑같은데 왜 다른 이름으로 부를까요? 이는 Superman과 Clark Kent의 관계와도 비슷합니다. Superman의 평상시 이름은 Clark Kent인데, 똑같은 사람이 파란 옷에 빨간 속옷을 밖에 입고 빨간 망토를 메고 하늘을 날면 Superman이라고 불리고, 안경을 쓰고 평상복을 입고 있으면 Clark Kent로 불립니다. 이와 같이 문장과 독립절은 똑같은 구성 요소를 가지고 있지만 상황에 따라 불리는 이름이 정해지는 것입니다. 이제 그 '상황'들을 알아보도록 하겠습니다.

이것만은 확실히

- 문장 = 주어 + 동사 + 완전한 생각

  e.g. Money talks.

- 절 = 주어 + 동사 + (완전한 생각)

  ▷ 독립절 = 주어 + 동사 + 완전한 생각

  ▷ 비독립절 = 주어 + 동사 + ~~완전한 생각~~

  e.g. I went to bed early (독립절) because I was tired. (비독립절)

중문과 복문
Compound Sentence vs. Complex Sentence

문장의 종류

영어 문장은 크게 ① 단문simple sentence, ② 중문compound sentence, ③ 복문complex sentence, ④ 중복문compound-complex sentence의 네 종류로 나눌 수 있습니다.

① I went to bed early.
나는 일찍 잠자리에 들었다.

② I went to bed early, so I couldn't take your call.
나는 일찍 잠자리에 들어서 네 전화를 받을 수 없었다.

③ I went to bed early because I was tired.
나는 피곤했기 때문에 일찍 잠자리에 들었다.

④ I told her that I'd gone to bed early, but she didn't believe me.
나는 그녀에게 일찍 잠들었었다고 말했지만, 그녀는 내 말을 믿지 않았다.

①에서와 같이 단문은 하나의 독립절로 되어 있습니다. ②와 같이 두 개의 독립절이 등위 접속사로 연결되어 있는 문장은 중문이라고 합니다. 중문과 달리 복문은 ③과 같이 항상 비독립절(예 because I was tired)을 포함하고 있습니다. 중복문은 말 그대로 중문과 복문이 합쳐진 것입니다. 즉, ④는 명사절 that I'd gone to be early를 포함하는 복문 I told her that I'd gone to be early가 독립절 she didn't believe me와 등위 접속사 but으로 연결되어 있으므로 중복문이 되는 것이지요.

중문과 복문 단문은 하나의 독립절로 되어 있고 중복문은 말 그대로 중문과 복문이 합쳐진 것입니다. 중문과 복문의 차이점을 다시 한번 요약해 보겠습니다.

▷ **중문** = 독립절 + 등위 접속사 + 독립절
▷ **복문** = 독립절 + 비독립절

중문이 되려면? 이 책에서 중문을 설명할 때 흔히 사용되는 주절이라는 명칭 대신 독립절이라는 명칭을 쓴 이유도 중문의 구성 요소를 제대로 표기하기 위함입니다. 종속절이 없는데 주절 두 개가 등위 접속사로 연결된 것이 중문이라고 하면 이상하기 때문이죠. 하지만 외울 때 '주절, 주절, 중복되어 있는 것이 중문이다'라고 암기하면 중문과 복문의 차이점을 기억하기에는 더 좋을 것 같네요.

복문이 되려면? 중문과 복문 둘 중에는 어떤 것이 더 좋을까요? 아무래도 어감상 복잡한 느낌을 주는 복문이 좀 더 안 좋습니다. 복문이 되려면 무조건 비독립절을 포함해야 합니다. 그럼 비독립절은 어떻게 만들어질까요? 형용사절은 관계 대명사를 포함해야 하고, 일단 종속 접속사가 들어가면 부사절이나 명사절이 되므로 이들은 무조건 비독립절이 됩니다.

유유상종 중문의 구성 요소는 독립절 두 개와 등위 접속사 하나입니다. Birds of a feather flock together.(유유상종)은 이럴 때 쓰라고 있는 말이죠. 등위 접속사, 독립절, 중문과 같이 좋은 것들은 좋은 것들끼리 함께 다니고 종속 접속사, 비독립절, 복문과 같이 안 좋은 것들은 안 좋은 것들끼리 함께 다닙니다. 그럼 복문의 예문을 세 가지 들어보겠습니다.

복문의
세 가지 유형

비독립절은 형용사절, 명사절, 부사절 이렇게 세 종류가 있으므로 복문도 세 가지 유형으로 나뉩니다.

⑤ This is the book (that) I told you about. 형용사절
이것이 내가 말했던 그 책이다.

⑥ I don't know if she's coming. 명사절
그녀가 올지 잘 모르겠다.

⑦ When I got there, the party was already over. 부사절
내가 도착했을 때, 파티는 이미 끝나 있었다.

⑤의 that I told you about과 같은 관계 대명사를 포함하는 절은 관계사절relative clause라고 부르지만 관계사절은 항상 명사를 꾸며 주기 때문에 형용사절이라고 부르기도 합니다. ⑥의 if she's coming은 타동사 know의 목적어로 쓰이는 명사의 역할을 하므로 명사절이 되고, ⑦의 When I got there는 주절 the party was already over을 부사와 같이 전체적으로 꾸며 주므로 부사절이 됩니다.

중문에서의 쉼표

그런데 중문과 복문의 차이점을 아는 것이 왜 중요할까요? 그건 쉼표의 가장 기본적인 사용법을 배우기 위해서입니다. 등위 접속사 for와 종속 접속사 because의 차이점을 설명하면서 잠시 언급했지만, 중문에서는 등위 접속사 앞에 쉼표를 사용해야 합니다. 그래서 ②와 ④의 예문에서 각각 등위 접속사 so와 but 앞에 쉼표가 있는 것이죠.

앞의 ②와 ④를 각각 ⑧과 ⑨로 반복해서 썼습니다.

⑧ I went to bed early, so I couldn't take your call.

⑨ I told her that I'd gone to bed early, but she didn't believe me.

부사절 복문에서의 쉼표

중문과 달리 부사절을 포함하는 복문에서는 종속 접속사 앞에 ③과 같이 쉼표를 쓰지 않습니다. 하지만 ⑦과 같이 부사절이 주절 앞에 올 때는 부사절이 끝나는 지점에 쉼표를 써야 합니다.

앞의 ③과 ⑦은 각각 ⑩과 ⑪로 반복해서 썼습니다.

⑩ I went to bed early because I was tired.

⑪ When I got there, the party was already over.

물론 ⑩의 because I was tired를 문두로 옮긴다면 쉼표를 써야 하고, ⑪의 When I got there를 문미로 옮긴다면 쉼표를 쓰지 말아야 겠죠.

⑩-1 Because I was tired, I went to bed early.

⑪-1 The party was already over when I got there.

쉼표를 포함한 중문과 부사절 복문의 차이점을 다시 요약하면 아래와 같습니다.

▷ **중문** = 독립절 + , + 등위 접속사 + 독립절

▷ **부사절 복문** = ⓐ 독립절 + 부사절

ⓑ 부사절 + , + 독립절

그럼 구두점의 올바른 용법을 자세히 배우기 전에 마침표와 쉼표를 잘못 사용해서 생기는 오류에 대해 먼저 알아보도록 하겠습니다. 〈Lesson 2: 문장 단편(Sentence fragments)〉은 구두점의 가장 기본인 마침표를 잘못 사용해서 생기는 오류이고, 〈Lesson 3: 무종지문(Run-on sentences)〉은 쉼표를 잘못 사용해서 생기는 오류입니다.

이것만은 확실히

- 중문 = 독립절 + ⓒ + 등위 접속사 + 독립절

e.g. I went to bed early, so I couldn't take your call.

- 복문 = 독립절 + 비독립절 (명사절 · 형용사절 · 부사절)

▷ 부사절 복문 = ⓐ 독립절 + 부사절

ⓑ 부사절 + ⓒ + 독립절

e.g. I went to bed early because I was tired.

Because I was tired, I went to bed early.

문장 단편(문장의 조각)

Sentence Fragments

Q 아래 보기에서 밑줄 친 부분은 완전한 문장일까요?

Since the 2002 World Cup ended, the World Cup Center has become a problem for Jeonju. <u>Because, after the 2002 World Cup, people do not go there, and the World Cup Center is not used much anymore</u>.

2002년 월드컵이 끝난 뒤로, 월드컵 센터는 전주의 골칫거리가 되었다. 월드컵 이후 사람들이 그곳에 가지 않고 월드컵 센터가 더 이상 많이 사용되지 않기 때문이다.

위의 보기에서 밑줄 친 부분은 완전한 문장이 아니라 Because I was tired와 같은 하나의 부사절입니다. 부사절은 비독립절이기 때문에 독립절 없이 단독으로 쓰일 수 없겠죠. 이런 오류를 문장 단편이라고 합니다. 위의 보기를 수정하는 방법은 본문에서 자세히 설명하도록 하겠습니다.

문장 단편이란? 마침표는 항상 문장의 끝에 오기 때문에 마침표를 찍는다는 의미는 그 앞에 오는 것을 문장으로 간주한다는 뜻입니다.

▷ 문장의 구성 요소
ⓐ 주어
ⓑ 동사
ⓒ 완전한 생각

다음의 ①은 주어와 동사가 모두 있음에도 불구하고 완전한 생각이 없으므로 문장이 아닙니다.

① *Because I was tired.

문장이 아닌 비독립절(부사절)의 끝에 마침표를 찍었으므로 비문이 되고, 이런 비문을 문장 단편sentence fragment이라고 합니다. 말 그대로 문장 전체가 아니고 문장의 한 부분이라는 뜻이죠. ①과 같은 문장 단편은 학생들이 가장 많이 쓰는 유형이기도 합니다. 구어체 영어를 배우면서 아래와 같은 말을 많이 했기 때문이죠.

A: Why did you go to sleep so early last night?
어젯밤에 왜 그렇게 일찍 잠자리에 들었니?

B: Because I was tired.
피곤했었거든.

물론 일상 대화에서는 B처럼 대답하는 것이 자연스럽습니다. 억지로 아래와 같이 완전한 문장으로 대답하는 것이 오히려 부자연스럽죠.

A: Why did you go to sleep so early last night?
어젯밤에 왜 그렇게 일찍 잠자리에 들었니?

B: I went to sleep early because I was tired.
피곤했기 때문에 일찍 잠을 잤어.

짧은 문장 단편 바로잡기

하지만 작문을 할 때는 완전한 문장으로 써야 합니다. 그렇지 않으면 ②와 같은 오류를 범하게 되죠.

② Our city needs more factories. *Because factories create new jobs.
새로운 직업을 창출하기 때문에 우리 도시는 더 많은 공장이 필요하다.

그럼 이런 문장 단편은 어떻게 수정하면 될까요? ②-1과 같이 because 부사절을 앞 문장에 연결하면 됩니다.

②-1 Our city needs more factories because they create new jobs.

긴 문장 단편 바로잡기

문장 단편이 무엇인지 어느 정도 이해가 됐으면 다시 29쪽에 나온 Quiz의 예문을 보겠습니다.

③ Since the 2002 World Cup ended, the World Cup Center has become a problem for Jeonju. Because, after the 2002 World Cup, people do not go there, and the World Cup Center is not used much anymore.

2002년 월드컵이 끝난 뒤로, 월드컵 센터는 전주의 골칫거리가 되었다. 월드컵 이후 사람들이 그곳에 가지 않고 월드컵 센터가 더 이상 많이 사용되지 않기 때문이다.

②와 같이 Because 부사절이 짧을 때는 문장단편이라는 것이 확연히 드러나지만, 위처럼 긴 Because 부사절을 접하면 문장 단편이라는 것을 파악하기가 쉽지 않습니다. 특히 and로 이어지는 독립절이 있으면 Because 이하의 절이 문장이라고 잘못 생각하는 경우가 많이 있습니다. 하지만 and는 등위 접속사이므로 and 뒤에 나오는 절도 Because 부사절에 포함되는 것으로 봐야 하겠죠.

그러면 ③은 어떻게 수정하면 될까요? ②-1처럼 그냥 단순히 앞의 문장과 연결을 하면 4개의 절을 포함한 문장이 되는데, 한 문장은 되도록 3개의 절을 초과하지 않는 것이 좋습니다. 현재 Because 이하의 두 절을 자세히 보면 같은 말이 반복되어 있다고 볼 수 있습니다. '사람들이 World Cup Center에 많이 가지 않는다.'는 것과 'World Cup Center가 잘 이용되지 않는다.'는 것은 따지고 보면 비슷한 이야기이죠. 그래서 중복되는 내용은 빼고 ③-1과 같이 수정을 하는 것이 좋습니다.

③-1 Since the 2002 World Cup ended, the World Cup Center has become a problem for Jeonju because it is not used very much anymore.

2002년 월드컵이 끝난 뒤, 사람들이 그곳에 가지 않고 월드컵 센터가 더 이상 많이 사용되지 않기 때문에 전주의 골칫거리가 되었다.

for example이 있는 문장 단편 바로잡기

because 부사절 외에 한국 학생들이 또 가장 많이 사용하는 문장 단편은 ④, ⑤와 같은 for example을 포함한 명사구입니다.

④ Most of the buses go to Y University. *For example, 1200 and 7727.
대부분의 버스는 Y 대학교를 가는데, 예를 들어 1200번이나 7727번 버스가 있다.

⑤ My hometown is Daegu, which is a little far from Seoul, so Daegu is different from Seoul in many ways. *For example, the language accents, the weather, and public transportation.
내 고향은 대구인데, 이곳은 서울로부터 꽤 멀리 떨어져 있어서 억양과 날씨, 그리고 대중교통 등 여러 가지 면에서 서울과는 다르다.

for example로 시작하는 문장 단편을 수정할 때도 역시 앞 문장에 연결을 하면 됩니다. 하지만 for example은 부사절이 아닌 명사구를 이끌기 때문에 for example 앞에 쉼표를 찍어야 합니다.

④–1 Most of the buses go to Y University, for example, 1200 and 7727.

⑤–1 My hometown is Daegu, which is a little far from Seoul, so Daegu is different from Seoul in many ways, for example, the language accents, the weather, and public transportation.

그런데 for example 앞에 쉼표를 찍고 보니 ⑤–1은 쉼표가 6개나 있는 문장이 되었습니다. 물론 문법적으로는 전혀 문제가 없지만, 한 문장에 쉼표가 연달아 6개가 나오면 보기에 좋지 않습니다. 그래서 ⑤–2와 같이 for example 앞에 쉼표 대신 대시dash를 사용하기도 합니다.

⑤–2 My hometown is Daegu, which is a little far from Seoul, so Daegu is different from Seoul in many ways—for example, the language accents, the weather, and public transportation.

문장 단편이 들어간 복잡한 문장 바로잡기

그럼 ⑥은 어떻게 수정하는 것이 좋을까요?

⑥ Indeed, the transportation system is very important for people nowadays. And, public transportation is most important. Because, a lot of people use public transportation for many reasons. Such as to save money, to go somewhere without a car, to save the Earth and so on.

정말로 오늘날 사람들에게 교통 체계는 매우 중요하다. 그리고 대중교통은 가장 중요하다. 왜냐하면 많은 사람들이 돈을 절약하거나 차 없이 이동을 한다거나 지구를 보호하는 것과 같은 다양한 이유들로 대중교통을 이용하기 때문이다.

우선 눈에 띄는 것은 처음 세 "문장"이 각각 Indeed,와 And, 그리고 Because,로 시작한다는 것입니다. (마지막 "문장"은 Because 부사절이므로 문장 단편입니다.) Indeed는 부사이기 때문에 이 단어 다음에 쉼표를 사용하는 것이 맞습니다. 하지만 And와 Because는 접속사이기 때문에 뒤에 쉼표를 사용하면 안 됩니다.

그럼 어떻게 수정하면 될까요? and는 등위 접속사이므로 처음 문장과 뒤의 문장을 연결하여 ⑥–1과 같이 중문으로 만들면 되겠죠.

⑥–1 Indeed, the transportation system is very important for people nowadays, and public transportation is most important.

하지만 반복되는 단어가 너무 많으므로 ⑥-2와 같이 한 문장으로 합쳐 the public transportation system is very important for people nowadays로 고치는 것이 좋습니다. 그리고 문장 단편인 Because 부사절과 Such as 전치사구는 주절과 연결을 해야겠죠.

⑥-2 Indeed, the public transportation system is very important for people nowadays because a lot of people use public transportation for many reasons, such as to save money, to go somewhere without a car, to save the Earth, and so on.

엉성하게 문장 단편으로 구성되어 있던 ⑥을 수정하고 나니 간결하고 우아한 복문이 되었습니다.

formal한 문장으로 다듬기

〈Lesson 16: 학술적 언어(Academic language)〉에서 자세히 설명을 하겠지만 ⑥-2를 좀 더 formal한 문장으로 바꾸려면 아래와 같이 두 군데를 수정하면 됩니다.

⑥-3 Indeed, the public transportation system is essential for people nowadays because a lot of people use public transportation for many reasons, such as to save money, to go somewhere without a car, and to save the Earth.

첫째, 격식을 차린 문어체에서는 very나 pretty와 같은 강조 부사는 사용하지 않는 것이 좋습니다. 그러므로 very important를 essential이나 imperative와 같은 형용사로 바꾸는 것이 좋습니다. 둘째, such as나 for example 뒤에는 and so on이나 etc.는 쓰지 않는 것이 좋습니다. 뒤에 나오는 것들이 예라는 것을 이미 밝혔기 때문에 끝에 '등등'이라는 말을 쓸 필요가 없기 때문이죠.

이것만은 확실히

• 문장 단편(sentence fragments) : 문장 전체가 아닌 문장의 한 부분 끝에 마침표를 찍은 오류

e.g. Our city needs more factories. *Because factories create new jobs.

→ Our city needs more factories because they create new jobs.

무종지문(끝나지 않는 문장)

Run-on Sentences

Q 다음 중 맞는 문장은 무엇일까요?

① I never liked grammar I loved Isaiah's grammar class.

② I never liked grammar, I loved Isaiah's grammar class.

③ I never liked grammar, however I loved Isaiah's grammar class.

④ I never liked grammar, but I loved Isaiah's grammar class.
나는 문법을 결코 좋아하지 않지만 이사야의 문법 수업은 좋아한다.

정답은 ④입니다. 영어를 좀 하는 학생들은 ①이나 ②와 같은 오류는 범하지 않습니다. 대신 ③과 같은 무종지문을 많이 쓰죠. ③을 제대로 고치면 다음과 같은 문장이 됩니다.

I never liked grammar; however, I loved Isaiah's grammar class.

세미콜론으로 두 문장을 이어 주고 however 뒤에 쉼표를 찍어 주는 방식으로 무종지문에서 벗어난 것이죠.

무종지문이란? 무종지문은 문장 단편과 함께 학생들이 가장 많이 범하는 오류 중 하나입니다. 말 그대로 끝이 없이 계속 가는 문장이죠.

무종지문의 종류 무종지문은 두 종류로 나눌 수 있습니다. 첫째는 ①과 같이 아무것도 없이 두 문장을 연결한 오류fused sentence이고, 둘째는 ②와 같이 등위 접속사 없이 쉼표만으로 두 문장을 연결한 오류comma splice입니다.

① *I never liked grammar I loved Isaiah's grammar class.

② *I never liked grammar, I loved Isaiah's grammar class.

Quiz에서 말했듯이 영어를 어느 정도 하는 학생들은 ①이나 ②와 같은 오류는 범하지 않습니다. 대신 ③과 같은 무종지문을 많이 쓰죠. 그렇다면 ③은 무종지문인데 ④는 왜 그렇지 않을까요?

③ *I never liked grammar, however I loved Isaiah's grammar class.

④ I never liked grammar, but I loved Isaiah's grammar class.

Comma splice란?

〈Lesson 1-Ⓐ〉에서 배운 것과 같이 however는 (접속) 부사이고 but은 (등위) 접속사이기 때문입니다. 영어에서 독립절을 연결할 수 있는 것은 등위 접속사, 세미콜론(;), 그리고 콜론(:) 이렇게 세 가지밖에 없습니다.(세미콜론과 콜론의 용법은 각각 〈Lesson 5〉와 〈Lesson 6〉에서 자세히 설명하도록 하겠습니다.) 쉼표는 절대로 문장을 연결할 수 없죠. splice는 '~을 잇다'라는 뜻이므로 ②, ③과 같이 두 문장을 쉼표로 이은 오류를 Comma splice라고 합니다.

Comma splice 바로잡기 1

그럼 ③은 어떻게 수정을 하면 될까요? 여러 가지 방법이 있지만 가장 쉬우면서 보기에도 있어 보이는 것은 ⑤와 같이 세미콜론을 사용하는 것입니다. 세미콜론으로 두 문장을 이어 주고 however는 부사이므로 뒤에 쉼표를 찍어 주는 것이죠.

⑤ I never liked grammar; however, I loved Isaiah's grammar class.

however와 but의 차이

however와 같이 문장을 연결해 주는 역할을 하는 접속 부사는 등위 접속사와 혼동되기 쉽습니다. however라는 단어를 배울 때 'but과 똑같은 뜻을 가지고 있지만 격식을 차린 단어'라고 배우기 때문이죠. 물론 틀린 설명은 아닙니다. 하지만 however와 but의 근본적인 차이점은 however는 부사이고 but은 접속사라는 것입니다. 단순히 격식의 차이라고만 알고 있다면 but 앞에는 쉼표만 찍어도 되는데 however 앞에는 꼭 세미콜론을 사용해야 하는 이유를 이해할 수 없습니다.

접속 부사에는 세미콜론(;)

〈Lesson 1-Ⓐ〉에서 배운 것과 같이 영어에는 일곱 개의 등위 접속사(FANBOYS)가 있습니다. 아래 표에서 보여주듯이 이 중 for와 nor를 제외한 다섯 개의 등위 접속사에는 모두 비슷한 뜻을 가지고 있는 접속 부사가 있습니다. 물론 이 접속 부사들 사이에도 뜻의 차이가 조금씩은 있지만 우선 기억해 두어야 할 것은 however와 같이 접속 부사를 사용하여 두 문장을 연결하려면 꼭 쉼표가 아닌 세미콜론을 사용해야 한다는 것입니다.

등위 접속사	접속 부사
for	——
and	moreover, furthermore, besides
nor	——
but / yet	however, nevertheless, nonetheless
or	otherwise
so	thus, therefore, hence, consequently

세미콜론(;) 대신 마침표

아직 세미콜론의 용법에 익숙하지 않은 학생들은 ⑥과 같이 첫 문장 끝에 마침표를 찍고 however는 대문자로 쓰고 뒤에 쉼표를 찍어서 두 문장으로 분리해 쓸 수도 있습니다.

⑥ I never liked grammar. However, I loved Isaiah's grammar class.

접속사 뒤에 쉼표 금지

그럼 ⑦은 왜 비문일까요?

⑦ I never liked grammar. *But, I loved Isaiah's grammar class.

앞에서 언급했듯이 접속사 뒤에는 절대 쉼표를 쓰면 안 되기 때문입니다. ⑦과 같이 앞뒤 문장이 짧을 때에는 하나로 연결시켜서 중문을 만드는 것이 좋겠죠. 하지만 앞뒤 문장이 길 때에는 중문으로 만들지 않는 것이 더 좋습니다.(자세한 내용은 〈Lesson 4: 쉼표(Comma)〉에서 다시 설명하겠습니다.)

Comma splice 찾기

이렇게 but과 however의 차이점을 확실히 배운 후에 많은 학생들이 단순히 "however는 부사이므로 쉼표와 함께 쓰일 수 없고 세미콜론과 함께 쓰여야 한다."라고 생각하는 경우가 많습니다. 하지만 however 앞에도 쉼표가 쓰이는 경우가 있습니다. 다음 ⑧, ⑨, ⑩ 예문은 모두 , however,를 포함하고 있지만 이중 하나만이 comma splice입니다. 세 예문 중 Comma splice는 어떤 것일까요?

⑧ IBM is hustling to catch up now, and its PC line includes some popular items. The road ahead, however, will be difficult.

IBM은 따라잡기 위해 서두르고 있고 그것의 PC라인은 몇몇의 인기 있는 품목을 포함하고 있다. 하지만 앞으로의 길은 어려울 것이다.

⑨ All bets are off, however, if his free-market economic program collapses.

그러나 만약 그의 자유 시장 경제 프로그램이 무너진다면 모든 계획은 백지화될 것이다.

⑩ Seoul is such a wonderful city, however, it would be better if one thing could change in Seoul.

서울은 멋진 도시이지만, 만약 한 가지를 바꾼다면 더 나아질 것이다.

however의 다양한 위치 1

but과 달리 however는 부사이기 때문에 꼭 문두에 위치할 필요가 없습니다. 특히 ⑧과 같이 however를 포함하는 문장이 이전 문장의 주어(IBM과 its PC line)가 아닌 다른 주어(The road ahead)로 시작할 때에는 문두보다 주어와 동사 사이에 however를 넣는 것이 더 효과적입니다.

however의 다양한 위치 2

⑨는 언뜻 보면 Comma splice인 것 같지만 , however, 를 빼면 if 절이 문미에 있는 복문이라는 것을 알 수 있습니다. 그래서 접속 부사 however가 문장 안에 쓰인 정상적인 문장이 되는 것이죠. 가끔 학생들이 however가 문미에도 올 수 있냐고 질문을 하는데 물론 가능합니다. ⑨에서 if 부사절을 문두로 옮기면 ⑨-1과 같이 however가 문미에 오게 되죠.

⑨-1 If his free-market economic program collapses, all bets are off, however.

Comma splice 바로잡기 2

⑧과 ⑨가 모두 정상적인 문장들이니 정답은 ⑩이 되겠네요. ⑩은 however가 두 개의 독립절 사이에서 쉼표와 함께 쓰였으므로 comma splice가 됩니다. ⑩을 수정하는 가장 쉬운 방법은 ⑩-1과 같이 however 앞에 쉼표 대신 세미콜론을 사용하는 것이겠죠.

⑩-1 Seoul is such a wonderful city; however, it would be better if one thing could change in Seoul.

⑩-2과 같이 however를 문미로 옮기고 나면 이 두 문장을 이어 주는 것은 however가 아닌 세미콜론이라는 것이 더욱 잘 드러납니다.

⑩-2 Seoul is such a wonderful city; it would be better if one thing could change in Seoul, however.

이것만은 확실히

- Comma splice : 등위 접속사가 아닌 쉼표로(또는 쉼표와 접속 부사로) 두 문장을 연결한 오류

e.g. *I never liked grammar, however I loved Isaiah's grammar class.

→ I never liked grammar, but I loved Isaiah's grammar class.

→ I never liked grammar; however, I loved Isaiah's grammar class.

Lesson 4 쉼표

Comma

Q 아래의 여섯 개 문장에서 적절한 곳에 쉼표를 찍어 보세요.[4]

ⓐ In North Carolina there were white people Negroes and Indians.
노스 캐롤라이나에는 백인, 흑인 그리고 인디언이 있다.

ⓑ It was his apartment but his sisters were the boss.
그의 아파트였지만 그의 누나들이 보스였었다.

ⓒ Bill Clinton was a charming attractive president.
빌 클린턴은 멋지고 매력적인 대통령이었다.

ⓓ When Bessie and Sadie couldn't find an apartment they moved in with their brother Lucius.
베시와 세이디가 아파트를 구하지 못했을 때 그들은 남동생 루셔스의 집으로 이사했다.

ⓔ Lucius's girlfriend who was only 18 years old annoyed Bessie and Sadie to death.
루셔스의 여자 친구는 겨우 18살이었고, 베시와 세이디를 짜증나게 했다.

ⓕ All you had to do was say "Let's go" and she'd say "Just let me get my hat."
네가 "가자."라고만 하면 그녀는 "모자만 좀 챙길게."라고 말하곤 했다.

ⓐ In North Carolina there were white people, Negroes, and Indians.

ⓑ It was his apartment, but his sisters were the boss.

ⓒ Bill Clinton was a charming, attractive president.

ⓓ When Bessie and Sadie couldn't find an apartment, they moved in with their brother Lucius.

ⓔ Lucius's girlfriend, who was only 18 years old, annoyed Bessie and Sadie to death.

ⓕ All you had to do was say, "Let's go," and she'd say, "Just let me get my hat."

쉼표의 다섯 가지 규칙

영작문과 독해를 위해 꼭 알아야 할 쉼표의 규칙은 아래 다섯 가지로 정리할 수 있습니다.

A. **세 개 이상 연결되어 있는 각 항목들 사이**

ⓐ In North Carolina there were white people, Negroes, and Indians.

노스 캐롤라이나에는 백인, 흑인 그리고 인디언이 있다.

B. **두 독립절을 연결해 주는 등위 접속사 앞**

ⓑ It was his apartment, but his sisters were the boss.

그의 아파트였지만 그의 누나들이 보스였었다.

C. **and로 연결되어 있지 않은 대등한 형용사 사이**

ⓒ Bill Clinton was a charming, attractive president.

빌 클린턴은 멋지고 매력적인 대통령이었다.

D. **문두에 위치한 절이나 구의 뒤**

ⓓ When Bessie and Sadie couldn't find an apartment, they moved in with their brother Lucius.

베시와 세이디가 아파트를 구하지 못했을 때 그들은 남동생 루셔스의 집으로 이사했다.

E. **추가 정보를 제공하는 절이나 구의 시작과 끝**

ⓔ Lucius's girlfriend, who was only 18 years old, annoyed Bessie and Sadie to death.

루셔스의 여자 친구는 겨우 18살이었고, 베시와 세이디를 짜증나게 했다.

마지막으로 기억해 두어야 할 것은 미국 영어와 영국 영어의 구두점에 대한 차이입니다.

F. **미국 영어에서는 인용문을 큰따옴표(" ")로 표시하고 쉼표와 마침표를 항상 따옴표 안에 찍지만, 영국 영어에서는 인용문을 작은따옴표(' ')로 표시하고 쉼표와 마침표를 항상 따옴표 밖에 찍는다.**

ⓕ All you had to do was say, "Let's go," and she'd say, "Just let me get my hat."

네가 "가자."라고만 하면 그녀는 "모자만 좀 챙길게."라고 말하곤 했다.

그럼 이제 다섯 가지 쉼표의 규칙과 미국 영어와 영국 영어의 차이점에 대해 각각 자세히 알아보도록 하겠습니다.

세 개 이상 연결되어 있는 각 항목들 사이

and와 쉼표의 쓰임

and와 같은 등위 접속사는 여러 개의 단어를 이어줄 수 있습니다. ①과 같이 두 단어를 연결할 때는 and 앞에 쉼표를 찍지 않습니다.

① I like apples and bananas.
나는 사과와 바나나를 좋아한다.

하지만 and가 세 단어 이상을 연결할 때는 ②와 같이 마지막 두 단어만 and로 연결한 뒤 각 단어들 사이에 쉼표를 찍어 줍니다.

② I like apples, bananas, and oranges.
나는 사과와 바나나와 오렌지를 좋아한다.

쉼표의 유무에 따른 해석의 차이

①에서 두 단어를 연결할 때 쉼표를 쓰지 않은 것처럼 ②에서도 오해의 소지가 없다면 마지막 두 단어 사이에는 쉼표를 쓰지 않을 수 있습니다. 하지만 ③은 마지막 두 단어 사이에 쉼표가 없어서 두 가지 해석이 가능합니다.

③ Uncle David willed me all of his property, houses and warehouses.[5]

첫 번째 해석은 '데이비드 삼촌이 나에게 재산(property)과 집(houses)과 창고(warehouses) 모두를 유산으로 남겼다.'이고 두 번째는 houses and warehouses를 all of his property의 동격 명

사구appositive로 해석하여 '데이비드 삼촌이 그의 전 재산인 집과 창고를 나에게 유산으로 남겼다.'입니다.(〈Lesson 9: 동격 명사구(Appositives)〉 참조) 이런 예가 바로 오해의 소지가 있는 문장인 것이죠.

③에서처럼 마지막 두 단어 사이에 쉼표를 사용하지 않는 것은 신문에서 자주 사용하는 용법입니다. 신문에서는 공간이 아주 중요하기 때문이죠. 하지만 가끔 ③과 같이 두 가지의 해석이 나올 수도 있으므로 마지막 두 단어를 이어 주는 등위 접속사 앞에도 쉼표를 찍는 것이 좋습니다.

이것만은 확실히

- 세 단어 이상을 연결할 때에는 마지막 두 단어만 등위 접속사로 연결하고 각 단어들 사이에 쉼표를 삽입한다.
  e.g. I like apples, bananas, and oranges.

두 독립절을 연결해 주는 등위 접속사 앞

독립절끼리의 연결

등위 접속사가 apples and oranges와 같이 두 단어를 연결할 때는 쉼표와 함께 쓰이지 않습니다. 하지만 두 개의 문장(또는 독립절)을 연결할 때에는 ①과 ②처럼 쉼표와 함께 쓰이죠.

① It was his apartment, but his sisters were the boss.
그의 아파트였지만 그의 누나들이 보스였었다.

② There were too many people in the restaurant, and the food was terrible.
그 식당에는 손님들이 너무 많았고 음식은 형편없었다.

구와 구 또는 비독립절과 비독립절의 연결

그럼 ③, ④에서는 왜 and 앞에 쉼표가 쓰이지 않았을까요?

③ Paul has just returned from his trip to Europe and will start looking for a job right away.
폴은 유럽 여행에서 막 돌아왔고, 곧바로 직장을 구하기 시작할 것이다.

④ Paul told me that he would soon return from his trip to Europe and that he would start looking for a job right away.
폴은 자신이 유럽 여행에서 조만간 돌아올 것이며 그 즉시 직장을 구하기 시작할 것이라고 나에게 말했다.

③, ④에서 and가 연결하는 것은 독립절이 아니고 각각 동사구와 비독립절(that 명사절)이기 때문입니다. 만약 ③의 두 번째 동사구 will start looking for a job 앞에 he를 넣어 독립절로 만든다면 ③-1과 같이 쉼표를 써야 합니다.

③-1 Paul has just returned from his trip to Europe, and he will start looking for a job right away.

그래서 and가 어떤 문법적 구조grammatical construction를 연결하는가를 파악하는 것은 아주 중요합니다. ①, ②와 같이 두 개의 독립절을 연결할 때는 쉼표를 써야 하지만 ③, ④와 같이 구phrase나 비독립절을 연결할 때는 길이에 상관없이 쉼표가 쓰이지 않습니다.

등위 접속사로 시작하는 문장

그럼 ①, ②의 예문을 등위 접속사로 연결하지 않고 ⑤, ⑥과 같이 각각 But와 And로 시작하는 문장으로 나누면 어떻게 될까요?

⑤ It was his apartment. But his sisters were the boss.

⑥ There were too many people in the restaurant. And the food was terrible.

등위 접속사는 말 그대로 같은 문법적 구조를 연결(접속)하는 역할을 하는 단어이기 때문에 ⑤, ⑥처럼 두 문장으로 나누는 것은 바람직하지 않습니다. 하지만 〈Lesson 2〉에서 배운 문장 단편sentence fragment도 아니기 때문에 비문이라고 할 수도 없죠. 영작문 시간에 선생님들이 입버릇처럼 Don't start a sentence with **and** or **but**. 이라고 말할 정도로 등위 접속사로 시작하는 문장은 학생들에게 항상 주의를 주는 사항입니다.

짧은 독립절 사이

⑤, ⑥과 같이 두 독립절이 짧고 두 번째 독립절이 어디서 시작하는지에 대한 오해의 소지가 없을 때는 등위 접속사 앞에 쉼표를 사용하지 않을 수도 있습니다.

⑤–1 It was his apartment but his sisters were the boss.

⑥–1 There were too many people in the restaurant and the food was terrible.

하지만 신문 기사처럼 지면에 구애를 받는 것이 아니라면 두 독립절 사이에는 항상 쉼표를 찍는 것이 좋습니다.

긴 독립절 사이

그럼 왜 ⑦, ⑧에서는 두 번째 문장이 각각 And와 But으로 시작을 했을까요?[6]

⑦ In college libraries, 57 percent of the total number of books are owned by 124 of 1,509 institutions surveyed last year by the U.S. Office of Education. And over 66 percent of the elementary schools with 150 or more pupils do not have any library at all.

대학 도서관 전체 도서의 57%는 작년 미국 교육부에서 조사한 1,509개의 교육 기관 중 124 군데의 대학에서 소장하고 있다. 그리고 학생 수가 150명 이상 되는 초등학교의 66% 이상이 도서관을 전혀 가지고 있지 않다.

⑧ They may be unaware of the existence of lower-class values and consequently fail to take them into account. But there is very little frank and conscious espousal of the interests of any one social class by the people who have the power to make decisions in education.

그들은 아마도 하층민 가치의 존재를 모를지도 모르고, 그래서 그것들을 고려하지 못할지도 모른다. 그러나 교육에 대한 결정권을 가진 사람들이 어느 한 사회 계층의 이익을 노골적이고 의식적으로 지지하는 경우는 거의 없다.

이유는 아주 간단합니다. 문장이 너무 길기 때문이죠. 보통 한 문장이 30단어 이상 되면 너무 길어서 이해하기가 어려워집니다. ⑦, ⑧을 각각 , and와 , but으로 연결하면 모두 45단어가 넘는 중문이 되어 버립니다. 그래서 두 문장으로 끊은 것이죠.

등위 접속사 대신 접속 부사

잡지나 신문에서는 ⑦, ⑧과 같이 And 또는 But으로 시작하는 문장을 사용해도 무방합니다. 하지만 에세이를 쓰는 학생이라면 접속 부사를 사용하여 And 대신 Moreover,를, But 대신 However,를 쓰는 것이 좋습니다. 그리고 And와 But은 접속사이기 때문에 뒤에 쉼표를 사용하지 않지만 Moreover와 However는 부사이기 때문에 쉼표를 사용한다는 것도 기억해 두기 바랍니다.

이것만은 확실히

- 등위 접속사가 두 개의 독립절을 연결할 때는 쉼표를 사용한다.
  e.g. It was his apartment, but his sisters were the boss.
- 등위 접속사가 구나 비독립절을 연결할 때는 쉼표를 사용하지 않는다.
  e.g. Paul has just returned from his trip to Europe and will start looking for a job right away.

and로 연결되어 있지 않은 대등 형용사 사이

and는 어디에?

이제 등위 접속사와 쉼표의 관계에 어느 정도 익숙해졌으면 다음 두 문장을 읽어 보기 바랍니다.

① Bill Clinton was a charming, attractive president.
빌 클린턴은 멋지고 매력적인 대통령이었다.

② I have a small blue car.
나는 작은 파란색 차를 가지고 있다.

①, ②의 특이한 점은 각 문장에서 두 개의 형용사가 함께 쓰였음에도 불구하고 등위 접속사 and로 연결이 되어 있지 않다는 점입니다. 그리고 ①에서는 charming과 attractive가 쉼표로 연결되어 있지만 ②에서는 small과 blue 사이에 아예 쉼표도 쓰이지 않습니다. 더욱 신기한 것은 ①에서는 두 형용사를 and로 연결해도 되지만 ②에서는 and로 두 형용사를 연결할 수 없다는 것입니다.

①-1 Bill Clinton was a charming and attractive president.

②-2 *I have a small and blue car.

대등 형용사 vs. 누적 형용사

그럼 왜 charming과 attractive는 and로 연결해도 되는데 small과 blue는 and로 연결하면 안 될까요? 그 이유는 charming과 attractive는 '대등한(coordinate)' 관계이고 small과 blue는 '누적되는(cumulative)' 관계이기 때문입니다. 즉, charming과 attractive는 명사 president를 각각 따로 꾸미지만, small과 blue는 명사 car를 따로 꾸미는 것이 아니라 blue는 car를, small은 blue car를 꾸미는 형태라는 것입니다.

누적 형용사의 나열 순서

마찬가지로 ③에서도 네 개의 형용사 small old blue Japanese는 각각 따로 car를 꾸미는 것이 아니라 blue는 Japanese car를, old는 blue Japanese car를, small은 old blue Japanese car를 차례로 꾸밉니다.

③ I used to have a small old blue Japanese car.
나는 작고 오래된 파란색 일제 자동차를 가지고 있었다.

그래서 각각의 형용사 사이에 쉼표를 찍을 수도 없고 마지막 두 형용사를 and로 이어 줄 수도 없는 것입니다.

③–1 *I used to have a small, old, blue, Japanese car.

③–2 *I used to have a small, old, blue, and Japanese car.

③과 같이 세 개 이상의 누적 형용사가 하나의 명사를 꾸며 주는 경우가 흔하지는 않지만, 아래의 표에서처럼 많게는 일곱 개의 형용사가 명사 앞에 올 수 있습니다.[7]

	opinion	size	shape	condition	age	color	origin	
an	*ugly*	*big*	*round*	*chipped*	*old*	*blue*	*French*	*table*

위의 표에 잘 나타나 있듯이 누적 형용사들은 서로 다른 의미 범주semantic category에 속해 있습니다. 그리고 이 범주의 순서는 대략 정해져 있어서 형용사의 순서를 바꾸면 아주 어색한 문장이 되거나 비문이 되고 맙니다.

③–3 *I used to have an old Japanese small blue car.

이 책의 영어 애칭인 〈The Little Red Writing Book〉에 and도 없고 쉼표도 없는 이유도 little과 red가 누적 형용사이기 때문입니다. 〈The Little Red Writing Book〉은 동화 〈빨간 모자〉의 영어 제목 〈Little Red Riding Hood〉에서 착안한 것입니다. 물론 동화 제목에도 and나 쉼표는 없습니다.

대등 형용사의 나열 방법

이와 달리 대등 형용사는 같은 의미 범주에 속해 있어서 ④에서처럼 형용사의 순서를 바꿔도 비문이 되지 않습니다. 물론 and도 생략할 수 있습니다.

④ She saved the cold, wet, tired, and hungry dog.[8]

She saved the wet, cold, hungry, and tired dog.

She saved the hungry, tired, wet, and cold dog.

그녀는 차갑고 젖어 있으며 지치고 굶주린 개를 구출했다.

그럼 영작문에서는 대등 형용사를 and로 이어 주는 것이 좋을까요, 아니면 and 대신에 쉼표만 찍는 것이 좋을까요? Part 2에서 자세히 배우겠지만 영작문에서 가장 중요한 원칙 중 하나는 간결성brevity입니다. 꼭 필요한 것이 아니라면 한 단어라도 줄이는 것이 좋죠.

그러므로 영작문을 할 때에는 대등 형용사 사이에 and 대신 쉼표를 사용하는 것이 더 좋습니다. 하지만 대등 형용사라도 a black and white TV(흑백 TV)와 같이 둘 중 하나가 빠지면 뜻이 달라지는 단어 속 형용사는 꼭 and로 연결해야 합니다.

이것만은 확실히

- 대등 형용사는 순서에 관계없이 나열할 수 있고 and로 연결할 수도 있지만, 쓰기를 할 때에는 and 대신 쉼표만을 사용한다.

  e.g. Bill Clinton was a charming, attractive president.

- 누적 형용사는 정해진 순서에 맞게 나열해야 하고 사이에 and나 쉼표는 사용할 수 없다.

  e.g. I used to have a small old blue Japanese car.

문두에 위치한 절이나 구 뒤

주어로 시작하지 않는 문장

영어를 흔히 SVO 언어라고 합니다. 주어(Subject) – 동사(Verb) – 목적어(Object)의 순서로 문장이 구성된 언어라는 뜻이죠. 하지만 영어의 모든 평서문이 주어로 시작하지는 않습니다. 평서문이 주어로 시작하지 않을 때에는 문두에 위치한 절이나 구 뒤에 쉼표를 찍습니다. 주어가 어디서 시작한다는 것을 알려 주기 위해서이죠.

문두에 위치한 절/구의 역할

다음 도표에서 보여 주는 것과 같이 문두에 위치한 절이나 구는 크게 두 가지의 역할을 합니다. 첫 번째는 문장 전체를 꾸미는 역할이고, 두 번째는 문장의 주어를 꾸미는 역할이죠. 문장 전체를 꾸미는 것은 주로 부사이기 때문에 첫 번째 역할은 부사절과 전치사구가 맡고 있습니다. 두 번째 역할인 문장의 주어를 꾸미는 것은 동격 명사구appositives와 분사구문participial phrases이 맡고 있죠.

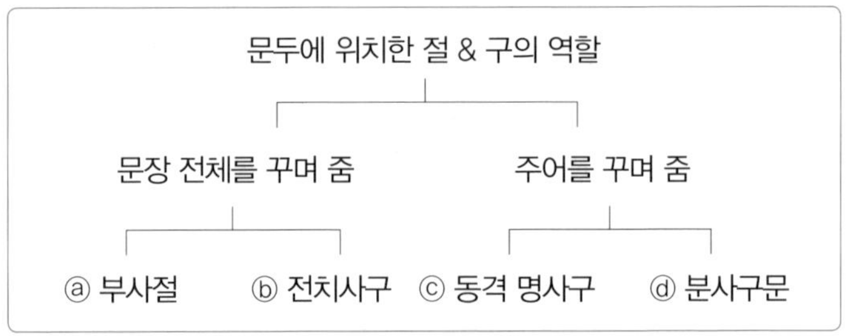

동격 명사구와 분사구문의 예

동격 명사구와 분사구문의 자세한 설명은 각각 〈Lesson 9〉과 〈Lesson 10〉에 할 것이므로 여기에서는 예문 하나씩만 보고 넘어가겠습니다.

① An excellent basketball player, Sarah rarely misses her shots.
(주어 Sarah의) 동격
훌륭한 농구 선수인 사라는 거의 슛을 놓치지 않는다.

② Not knowing what to do, I decided to go back to school.
분사구문
무엇을 해야 할지 모른 채 나는 학교로 돌아가기로 결심했다.

부사절과 전치사구 뒤의 쉼표

③과 같이 한 단어의 부사가 문장을 꾸밀 때도 부사 뒤에 쉼표를 찍습니다.

③ Finally, I know how to use the comma.
마침내 나는 쉼표의 사용법을 알았다.

마찬가지로 ④, ⑤처럼 문장 전체를 꾸미는 부사절과 전치사구 뒤에도 쉼표를 찍습니다.

④ When Bessie and Sadie couldn't find an apartment, they moved in with their brother Lucius.
베시와 세이디가 아파트를 구하지 못했을 때 그들은 남동생 루셔스의 집으로 이사했다.

⑤ In North Carolina, there were white people, Negroes, and Indians.
노스 캐롤라이나에는 백인, 흑인 그리고 인디언이 있다.

짧은 전치사구 뒤의 쉼표 생략

그런데 처음 〈Lesson 4〉를 시작할 때의 예문 중 ⓐ에서는 왜 In North Carolina 뒤에 쉼표를 찍지 않았을까요?

ⓐ In North Carolina there were white people, Negroes, and Indians.
노스 캐롤라이나에는 백인, 흑인 그리고 인디언이 있다.

In North Carolina와 같이 짧은 전치사구 뒤에서는 쉼표가 종종 생략되기도 합니다. 두 개의 짧은 독립절을 연결하는 등위 접속사 앞에 쉼표를 사용하지 않아도 되는 것처럼 쉼표가 없어도 오해의 소지가 없으면 짧은 전치사구 뒤에 쉼표를 찍지 않아도 되기 때문이죠.

문미에 오는 부사절/전치사구 에서의 쉼표 생략

하지만 쉼표의 용법을 배우는 입장에서는 우선 규칙대로 쉼표를 사용하는 습관을 기르는 것이 중요합니다. 그리고 한 가지 꼭 기억해 둘 것은 부사절이 문미에 올 때는 쉼표를 쓰지 않는다는 것이죠. 물론 전치사구도 마찬가지입니다.

④-1 They moved in with their brother Lucius when Bessie and Sadie couldn't find an apartment.

⑤-1 There were white people, Negroes, and Indians in North Carolina.

대조를 나타내는 부사절의 쉼표

그럼 아래 두 문장의 although 부사절과 whereas 부사절은 문미에 왔음에도 불구하고 왜 쉼표와 함께 쓰였을까요?

⑥ My parents want to live in the countryside, although I would much rather live in a big city.
나는 대도시에서 살기를 원하지만, 우리 부모님은 시골에서 살기를 원하신다.

⑥-1 My parents want to live in the countryside, whereas I would much rather live in a big city.

그것은 다른 부사절과 달리 although와 whereas 부사절은 대조를 나타내기 때문입니다. although와 whereas 앞에 쉼표를 씀으로써 뒤에 나오는 정보가 앞의 정보와 대조가 된다는 것을 미리 알려 주는 장치라고 할 수 있습니다. although와 비슷한 뜻을 가지고 있는 though나 even though 부사절도 마찬가지로 문미에서도 쉼표와 함께 쓰입니다.

while 부사절의 의미에 따른 쉼표의 쓰임

그럼 다음 두 문장은 왜 똑같은 while 부사절을 포함하고 있음에도 불구하고 하나는 쉼표가 없고 다른 하나는 쉼표와 함께 쓰였을까요?

⑦ My girlfriend came to pick me up while I was taking a shower.
내가 샤워를 하는 동안, 내 여자 친구가 나를 데리러 왔다.

⑧ Their country has plenty of oil, while ours has none.
우리나라는 석유가 전혀 없는 반면, 그들의 나라는 많은 석유를 가지고 있다.

그것은 같은 while 부사절이라도 의미가 다르기 때문입니다. ⑦에서는 while이 when과 비슷한 '~하는 동안에'라는 뜻을 가지고 있지만, ⑧에서는 whereas와 비슷한 '~인 데 반하여'라는 뜻을 가지고 있죠.

이것만은 확실히

- 문두에 위치한 부사절, 전치사구, 동격, 분사구문 뒤에는 쉼표를 찍는다.
  e.g. When Bessie and Sadie couldn't find an apartment, they moved in with their brother Lucius.
- 대조를 나타내는 부사절은 문미에 오더라도 쉼표가 필요하다.
  e.g. My parents want to live in the countryside, although I would much rather live in a big city.

추가 정보를 제공하는 절이나 구의 시작과 끝

한정용법과 계속용법

'추가 정보를 제공하는 절이나 구'를 다른 말로 하면 '문장을 이해하는 데 꼭 필요하지 않은 절이나 구'가 됩니다. 문장을 이해하는 데 꼭 필요한 절/구와 그렇지 않은 절/구는 어떻게 구분할까요? 아래 두 문장을 비교하면서 알아보겠습니다.

① My cousin who lives in Los Angeles is a student at UCLA.
로스앤젤레스에 살고 있는 내 사촌은 UCLA 학생이다.

② My cousin, who lives in Los Angeles, is a student at UCLA.
내 사촌은 로스앤젤레스에 살고 있는데, UCLA 학생이다.

①과 같이 쉼표 없이 쓰인 관계사절의 용법은 한정용법이라고 하고, ②와 같이 쉼표와 함께 쓰인 관계사절의 용법은 계속용법이라고 합니다.

한정용법의 정의

①의 주어를 해석하면 '로스앤젤레스에 살고 있는 내 사촌'이 되죠. 주어 My cousin 뒤에 있는 관계사절이 나의 사촌 여러 명 중에 로스앤젤레스에 살고 있는 사촌으로 My cousin의 뜻을 한정해 주기 때문에 한정용법restrictive use이라고 하는 것입니다. 관계사절이 한정용법으로 사용될 때에는 쉼표를 수반하지 않습니다.

비한정용법의 정의

이에 반해 ②에서와 같이 쉼표를 수반한 관계사절은 해석을 관계사절부터하지 않고 My cousin부터 차례대로 쭉 해석한다고 해서 계속용법이라고 부릅니다. 하지만 쉼표가 앞뒤로 관계사절을 끊어 주는데 계속용법이라고 부르는 것은 좀 어색합니다. 그러므로 이 책에서는 영어를 그대로 옮겨 비한정용법non-restrictive use이라고 부르겠습니다.

한정용법과 비한정용법의 차이

그럼 한정용법과 비한정용법의 차이점을 자세히 살펴보도록 하겠습니다. 한정용법을 영어에서는 restrictive use 대신에 identifying use 또는 essential use라고도 합니다. 한정용법으로 쓰인 관계사절의 정보가 꾸밈을 받는 명사의 정체를 밝혀 주기 때문에(identifying) 꼭 필요한(essential) 관계사절이라는 뜻이죠.

예를 들어, 친사촌, 고종사촌, 이종사촌, 외종사촌을 모두 합쳐서 20명이 넘는 사람이 있습니다. 그런데 그 사람이 My cousin is a student at UCLA.라고 한다면 20여 명의 사촌 중에 누가 UCLA를 다니는지 알 수가 없습니다. My cousin의 정체를 밝혀 주려면 who lives in Los Angeles라는 관계사절이 꼭 필요하죠. 그러면 20여 명의 사촌 중 '로스앤젤레스에 사는 내 사촌'으로 My cousin의 범위가 한정됩니다.

그런데 전체 사촌이 한 명밖에 없다면 My cousin으로 지칭될 수 있는 사람은 한 명뿐이니 이럴 때는 관계사절 who lives in Los Angeles가 My cousin의 정체를 밝혀 주는 것이 아니게 되죠. 그러므로 꼭 필요한 정보를 갖고 있다고 볼 수 없습니다. 이것을 비한정용법이라고 부르며, 이때의 관계사절은 My cousin의 뜻을 한정하는 것이 아니라 단지 추가 정보를 제공하는 것이 됩니다. 이렇게 단순히 추가 정보를 제공하는 절은 ②에서와 같이 시작과 끝에 쉼표를 찍음으로써 이 절은 문장을 이해하는 데 꼭 필요한 절이 아니라는 것을 나타냅니다.

한정용법과 비한정용법의 차이가 어느 정도 이해되었으면 ③, ④ 예문을 비교해 보겠습니다.

③ Lucius's girlfriend, <u>who was only 18 years old</u>, annoyed Bessie and Sadie to death.
루셔스의 여자 친구는 겨우 18살이었고, 베시와 세이디를 짜증나게 했다.

④ The girl <u>who was flirting with Lucius</u> annoyed Bessie and Sadie to death.
루셔스에게 추파를 던지고 있는 그 여자는 베시와 세이디를 짜증나게 했다.

남자에게 female friend는 여러 명이 있을 수 있어도 girlfriend는 한 명밖에 있을 수 없습니다. 그러므로 ③에서는 관계사절 who was only 18 years old가 주어 Lucius's girlfriend의 뜻을 한정해 줄 수 없습니다. 그래서 쉼표와 함께 비한정용법으로 사용된 것이죠. 하지만 ④에서는 who was flirting with Lucius를 뺀다면 The girl이 누구를 지칭하는지 알 수가 없게 됩니다. 그래서 who was flirting with Lucius는 쉼표 없이 한정용법으로 사용된 것입니다.

the와 한정용법

또한 girl이 정관사 The와 함께 쓰인 이유는 who was flirting with Lucius가 girl의 뜻을 한정해 주기 때문입니다. 다시 말해서 뒤에 한정 관계사절이 없었다면 The girl이 아니라 부정관사인 a를 사용해 a girl이라고 해야 한다는 말이죠. 하지만 한정 관계사절이 있다고 해서 girl이 꼭 the와 함께 쓰여야 하는 것도 아닙니다. 아래 예문과 같이 한정 관계사절이 girl을 꾸며줌에도 불구하고 a girl로 쓰인다면 의미가 달라집니다. 즉, 여러 명의 여자가 Lucius에게 추파를 던지고 있었고 그중 한 명이 Bessie와 Sadie를 짜증나게 했다는 뜻이 됩니다.

④-1 A girl who was flirting with Lucius annoyed Bessie and Sadie to death.
루셔스에게 추파를 던지고 있던 (여러 여자들 중) 하나는 베시와 세이디를 짜증나게 했다.

the와 비한정용법

그럼 왜 아래 단락에서는 a movie가 아니고 the movie임에도 불구하고 뒤에는 한정용법이 아닌 쉼표를 동반한 비한정 관계사절이 왔을까요?

⑤ Opening in limited release, *Confessions of a Dangerous Mind*, the Charlie Kaufman-penned movie about the game-show creator and host Chuck Barris, is generating the same sort of controversy among critics that Barris's *The Gong Show* touched off a quarter-century ago. . . . In between, there are all kinds of mixed feelings about the movie, in which George Clooney marks his directorial debut and which stars Sam Rockwell in the Barris role.[9]

제한적으로 개봉하는, 게임 쇼의 창시자이자 호스트인 척 배리스에 대하여 찰리 카우프만이 각본을 쓴 영화 〈위험한 마음의 고백〉은 비평가들 사이에서 배리스의 〈징쇼〉가 25년 전에 촉발시켰던 것과 비슷한 종류의 논쟁을 일으키고 있다. . . . 그 사이에는 조지 클루니가 영화 감독으로 데뷔하고 샘 로크웰이 배리스 역할을 맡은 이 영화에 대한 다양한 감정들이 섞여 있다.

첫 번째 문장이 너무 길어서 독해가 불가능하다면 우선 주절만 해석을 하면 됩니다. 첫 문장의 끝 ago뒤에 나오는 첫 번째 점은 마침표이고 나머지 세 개의 점은 한 문장 이상이 생략되었다는 표시입니다.

⑤–1 Opening in limited release, *Confessions of a Dangerous Mind*, the Charlie Kaufman-penned movie about the game-show creator and host Chuck Barris, is generating the same sort of controversy among critics that Barris's *The Gong Show* touched off a quarter-century ago.

〈위험한 마음의 고백〉은 비평가들 사이에서 배리스의 〈징쇼〉가 25년 전에 촉발시켰던 것과 비슷한 종류의 논쟁을 일으키고 있다

단락의 끝 문장에 나오는 the movie가 가리키는 것은 이미 단락 첫 문장에 나와 있습니다. 〈Confessions of a Dangerous Mind〉라는 제목의 영화이죠. 이미 단락 첫 머리에 이 영화의 제목을 언급했고 단락 전체가 같은 영화에 대한 내용을 담고 있기 때문에 단락 끝에서 the movie 뒤에 오는 관계사절은 추가 정보를 제공하는 비한정용법으로 쓰이게 된 것입니다.

⑤-2 In between, there are all kinds of mixed feelings about the movie, in which George Clooney marks his directorial debut and which stars Sam Rockwell in the Barris role.

그 사이에는 조지 클루니가 영화 감독으로 데뷔하고 샘 로크웰이 배리스 역할을 맡은 이 영화에 대한 다양한 감정들이 섞여 있다.

만약 쉼표를 없애고 in which 관계사절을 한정용법으로 쓰게 된다면 the movie는 더 이상 〈Confessions of a Dangerous Mind〉를 지칭하지 않고 George Clooney가 감독으로 데뷔한 다른 영화가 되어 버립니다.

앞서 보았던 예문에서도 사촌이 20명이 넘는다 하더라도 ② My cousin, who lives in Los Angeles, is a student at UCLA.라고 하는 것이 틀린 것은 아닙니다. 만약 로스앤젤레스에 살고 있는 사촌에 대한 언급을 전에 했었고, 다른 사람 이야기를 하다가 다시 그 사촌 이야기로 되돌아간다면 ②와 같이 who lives in Los Angeles를 비한정용법으로 쓸 수 있습니다. 이미 상대방이 알고 있는 정보를 단순히 상기시켜 주기 위해 하는 말이기 때문이죠.

관계사절의 용법에 따른 의미 변화

이렇듯 관계사절이 한정용법으로 쓰여야 하는지 비한정용법으로 쓰여야 하는지는 담화 전체의 요소에 영향을 받을 수도 있으므로 관계사절이 포함된 문장 하나만을 보고 정확한 판단을 내리기가 쉽지 않습니다. 많은 경우 두 용법 모두 문법적으로는 성립이 되지만 ①, ②나 ⑤와 같이 문장의 의미가 변하기 때문이죠.

한정 관계사절을 선택할 수 없는 경우

하지만 ③의 Lucius's girlfriend와 같이 한정 관계사절을 택할 수 없는 명사구도 있습니다. 다음 보기 중에서 비문은 무엇일까요?

ⓐ I'm talking about Mike who is in your class.

ⓑ I'm talking about Mike, who is in your class.

ⓒ I'm talking about the Mike who is in your class.

고유명사는 한정할 수 없다

ⓒ를 골랐다면 정확한 예상 오답을 고른 것입니다. 정답은 ⓐ입니다. 명사는 크게 일반명사와 고유명사로 나눌 수 있습니다. 고유명사는 사람, 사물, 또는 동물 등의 고유한 이름입니다. 그러므로 고유명사의 뜻은 더 이상 한정할 수가 없습니다. 더 이상의 추가 정보가 필요하지 않다는 뜻이죠. 그래서 ⓐ와 같이 고유명사 Mike 뒤에 한정 관계사절이 오는 것은 비문입니다. ⓑ와 같이 쉼표를 사용하여 비한정 관계사절로 써야 하죠. 물론 문장의 끝에는 쉼표 대신 마침표를 찍어야 합니다. 그러므로 ⓑ는 '나는 마이크에 대해 말하고 있는 중인데, 그는 너희 반이다.'라는 뜻이 됩니다.

the + 고유명사 + 한정 관계사절

하지만 Mike와 같이 흔한 고유명사는 Mike라는 이름 하나만으로 정체를 밝힐 수 없는 경우가 있습니다. 그럴 때는 한정 관계사절을 수반할 수 있지만 ⓒ와 같이 꼭 정관사 the와 함께 쓰여야 합니다. '나는 (여러 명의 마이크 중) 너희 반에 있는 그 마이크에 대해 말하고 있다.'라는 뜻이죠.

문미의 부사절에서 쉼표의 쓰임

한정용법과 비한정용법에 따른 쉼표의 용법이 이해되었으면 이제 문미의 부사절과 함께 쓰이는 쉼표에 대해 알아보도록 하겠습니다. 쉼표의 네 번째 규칙에서 부사절이 뒤로 올 때는 쉼표를 찍지 않는다고 했습니다. 그럼 왜 ⑥에서는 부사절이 문미에 왔음에도 불구하고 쉼표를 사용했을까요? 그리고 ⑦과 같이 쉼표를 사용하지 않았을 때는 어떤 차이가 있을까요?

⑥ We can go to the movies, if you like.

⑦ We can go to the movies if you like.

if 부사절은 although 부사절과는 달리 대조를 나타내는 부사절이 아니므로 문미에 올 때에는 쉼표와 함께 쓰이지 않습니다. 하지만 ⑥과 같이 쉼표와 함께 쓰였을 때는 if절이 꼭 필요한 것이 아니고 단지 나중에 덧붙인 것이라는 뜻이 됩니다. 추가 정보를 제공하는 비한정 관계사절이 문미에 올 때 앞에 쉼표와 함께 쓰이는 것과 같은 이치이죠. 똑같은 관계사절이 한정용법으로 쓰였을 때와 비한정용법으로 쓰였을 때 문장의 의미를 바꾸는 것처럼 ⑥, ⑦의 예문도 약간의 의미 차이가 있습니다.

어떤 남자가 소개팅에서 처음 만난 여자가 마음에는 드는데 말주변이 없어 난감해 하고 있는 상황을 생각해 봅시다. 그때 여자가 "이제 뭐 할까요?"라고 질문을 하자 기다렸다는 듯이 "영화 보러 가는 게 어떨까요?"라고 했습니다. 그런데 상대방의 표정이 별로 신통치 않다면 금방 꼬리를 내리고 "당신이 원한다면요."라고 쭈뼛쭈뼛 말을 하겠죠. ⑥이 바로 이런 경우입니다. 이와 달리 ⑦은 "당신이 원한다면 영화를 보러 갈 수도 있습니다."라는 뜻입니다. 처음 만난 사이이기 때문에 상대방이 거절할 수 있도록 배려하는 차원에서 if you like라고 한 것이죠.

삽입 어구와 삽입 어절

비한정 관계사절의 시작과 끝에 쉼표를 넣는 것은 쉼표 사이의 정보가 문장을 이해하는 데 꼭 필요한 것이 아니라는 것을 표시하기 위함입니다. 마찬가지로 비한정 관계사절이 아니더라도 문장에 꼭 필요한 정보를 포함하지 않은 삽입 어구나 삽입 어절의 시작과 끝도 ⑧, ⑨와 같이 쉼표를 찍어 줘야 합니다.

⑧ Boston, for example, is a great city to visit in the fall.
예를 들어, 보스턴은 가을에 방문하기 아주 좋은 도시이다.

⑨ The crime, as far as we can tell, was not committed in this building.
우리가 알고 있는 한, 그 범죄는 이 건물에서 일어나지 않았다.

그럼 아래 예문에서는 왜 for example 앞에 쉼표가 쓰이지 않고 대시(—)가 쓰였을까요?

⑩ Legislative or executive action to limit or minimize destruction—for example, holding hearings to require the approval on economic grounds of the regulatory agency for any large-scale substitution of debt for equity—went all but unmentioned.[10]
파괴를 제한하거나 최소화하기 위한 입법적, 행정적 조치, 예를 들어 대규모 채무를 자본으로 대체하기 위한 규제 기관의 경제적 근거에 대한 승인을 요구하는 청문회를 여는 것과 같은 조치는 거의 언급되지 않았다.

하이픈의 용법

대시dash와 하이픈hyphen은 언뜻 보면 같아 보이지만 길이에서 차이가 납니다. 대시보다 짧은 하이픈의 주된 용법은 두 가지가 있습니다. 첫 번째는 21에서 99사이의 숫자를 twenty-one과 같이 단어로 풀어 쓸 때 사용됩니다. 두 번째는 any large-scale substitution과 같이 명사 앞에서 두 개 이상의 단어가 하나의 형용사로 사용되었을 때 그 단어들을 연결하기 위해 사용됩니다.

대시로 추가 정보 표시하기 1

⑩에서 for example 앞에 쉼표 대신 대시를 쓰고 equity와 went 사이에 다시 대시를 쓴 이유는 추가 정보를 제공하는 구의 시작과 끝을 명확하게 하기 위해서입니다. 특히 for example 다음에도 쉼표가 나오기 때문에 쉼표보다 눈에 잘 띄는 대시를 쓴 것이죠. 만약 대시 대신 쉼표를 사용한다면 추가 정보를 제공하는 구의 시작과 끝이 한눈에 보이지 않을 겁니다.

대시로 추가 정보 표시하기 2

⑪은 〈LA Times〉 사설에서 발췌한 문장입니다. 물론 미국 신문 사설에서 발췌하였기 때문에 문법적으로는 완벽한 문장이지만 35개 이상의 단어를 포함하고 있어서 해석하기가 까다롭습니다. 하지만 이 문장에 쉼표를 하나 더한 뒤 두 개의 쉼표를 대시로 대체한다면 훨씬 이해하기 쉬운 문장이 됩니다. 그럼 어디에 쉼표를 더하고 어떤 쉼표를 대시로 대체하는 것이 좋을까요?

⑪ In Cleveland, whose voucher program the high court majority approved because it allowed students a choice among religious, secular and even better-rated suburban public schools, the reality is that 96% of participating students attend religious schools.[11]

클리블랜드에서는 종교 학교, 일반 학교, 그리고 훨씬 더 좋은 등급의 교외 공립 학교들 사이에서 학생들의 선택을 허용하기 때문에, 고등 법원이 다수 승인한 바우처 프로그램이 있음에도 불구하고 현실은 참여 학생들의 96%가 종교 학교에 다닌다는 것이다.

세 번째 줄의 and는 religious와 secular 그리고 even better-rated suburban public 이렇게 세 가지의 형용사를 연결하고 있습니다. 그러므로 and 앞에 쉼표를 찍어 주는 것이 좋겠죠.

⑪-1 In Cleveland, whose voucher program the high court majority approved because it allowed students a choice among religious, secular, and even better-rated suburban public schools, the reality is that 96% of participating students attend religious schools.

⑪-1에서와 같이 and 앞에 쉼표를 찍고 나니 이제 쉼표가 너무 많아져서 추가 정보를 제공하는 절의 시작과 끝이 어디인지 잘 드러나지 않게 되었습니다. 그래서 ⑪-2와 같이 whose voucher program 앞과 schools 뒤의 쉼표를 대시로 바꾸면 추가 정보를 제공하는 절의 시작과 끝이 한눈에 들어오게 됩니다.

⑪-2 In Cleveland—whose voucher program the high court majority approved because it allowed students a choice among religious, secular, and even better-rated suburban public schools—the reality is that 96% of participating students attend religious schools.

그리고 ⑪-2가 너무 길어서 이해하기가 어렵다면 우선 대시 사이에 있는 절을 빼고 해석하면 됩니다.

⑪-3 In Cleveland . . . the reality is that 96% of participating students attend religious schools.

추가 정보의 강조에는 대시, 약화에는 괄호

⑪-2와 같이 쉼표 대신에 대시를 쓰면 추가 정보의 시작과 끝이 확연히 드러나서 강조한 느낌이 듭니다. 그래서 추가 정보를 강조하고 싶을 때는 그 안에 쉼표가 없더라도 시작과 끝을 쉼표 대신 대시로 표시하면 됩니다. 반대로 추가 정보가 전혀 중요하지 않다는 것을 표시하려면 쉼표 대신에 괄호를 사용하면 됩니다. 하지만 formal한 영작문에서는 단순히 강조를 위해 대시를 쓰는 것은 바람직하지 않습니다. 그리고 간결성이 최대 미덕인 영작문에서 쉼표 대신 괄호를 쓸 만큼 중요하지 않은 추가 정보가 있다면 그런 것은 아예 빼는 게 좋겠죠.

이것만은 확실히

- 고유명사는 the 없이 한정할 수 없다.
  e.g. I'm talking about Mike, who is in your class.
- 비한정 관계사절과 마찬가지로 삽입 어구와 삽입 어절도 앞뒤에 쉼표를 쓴다.
  e.g. Boston, for example, is a great city to visit in the fall.

미국 영어와 영국 영어의 차이점

미국 영어와 영국 영어의 구두점 차이

미국 영어와 영국 영어는 문법, 발음, 어휘, 철자를 비롯해 구두점에서도 조금씩 차이가 있습니다. 구두점에서 가장 두드러진 차이점은 따옴표의 사용법입니다. 미국 영어에서는 ①과 같이 인용문을 큰따옴표(“ ”)로 표시하고 쉼표와 마침표를 항상 따옴표 안에 찍습니다.

① All you had to do was say, “Let’s go,” and she’d say, “Just let me get my hat.”

하지만 영국 영어에서는 ②와 같이 인용문을 작은따옴표(‘ ’)로 표시하고 쉼표와 마침표를 항상 따옴표 밖에 찍습니다.

② All you had to do was say, ‘Let’s go’, and she’d say, ‘Just let me get my hat’.

미국 영어에서 마침표와 쉼표의 위치

①에서 and 앞의 쉼표는 사실 Let’s go에 속하는 것이 아니고 and 전에 있는 독립절에 속한다고 볼 수 있습니다. 그리고 끝의 마침표도 Just let me get my hat에만 속하는 것이 아니고 전체 문장에 해당하는 것이기 때문에 둘 다 모두 ③과 같이 큰 따옴표 뒤로 오는 것이 논리적이라고 할 수 있죠. 하지만 그렇게 하면 미국식도 영국식도 아닌 이상한 영어가 되어 버립니다.

③ *All you had to do was say, “Let’s go”, and she’d say, “Just let me get my hat”.

①과 마찬가지로 ④에서는 마침표가, ⑤에서는 쉼표가 큰 따옴표 안에 위치하였습니다.

④ She hit him with a pie, and then she said, “too bad.”
그녀는 파이로 그를 치고 나서 “참 안됐네.”라고 말했다.

⑤ After she said, "too bad," she walked out on him.
"참 안됐네."라고 말한 후, 그녀는 나가 버렸다.

미국 영어에서 물음표의 위치

미국 영어에서 쉼표나 마침표가 항상 따옴표 안에 오는 것과는 달리 물음표와 느낌표는 모두 논리에 맞게 사용합니다. 물음표는 ⑥과 같이 전체 문장이 의문문일 경우에는 따옴표 밖에 쓰고 ⑦과 같이 따옴표 안의 문장이 의문문일 경우에는 따옴표 안에 씁니다.

⑥ Before she did it, did she say to him, "I'm going to hit you with a pie"?
그렇게 하기 전에, 그녀가 그에게 "파이로 칠 거야."라고 말했니?

⑦ No, she didn't. So I asked, "Why did you do that?"
아니, 안 그랬어. 그래서 내가 "왜 그런 짓을 한 거야?"라고 물었어.

미국 영어에서 느낌표의 위치

느낌표도 물음표와 마찬가지로 ⑧처럼 전체 문장이 강조될 경우에는 따옴표 밖에 쓰고, ⑨처럼 따옴표 안의 문장이 강조될 경우에는 따옴표 안에 씁니다.

⑧ I can't believe she called you "honey"!
나는 그녀가 너를 "honey"라고 부른 것을 믿을 수가 없어!

⑨ When I got hit by a car, I only said, "Oh, that hurts!"
내가 차에 치였을 때 나는 그냥 "이런, 아프군!"이라고 말했다.

이것만은 확실히

- 미국 영어에서는 인용문을 큰따옴표(" ")로 표시하고 쉼표와 마침표를 항상 따옴표 안에 찍는다.
  e.g. All you had to do was say, "Let's go," and she'd say, "Just let me get my hat."
- 영국 영어에서는 인용문을 작은따옴표(' ')로 표시하고 쉼표와 마침표를 항상 따옴표 밖에 찍는다.
  e.g. All you had to do was say, 'Let's go', and she'd say, 'Just let me get my hat'.

다섯 가지의 쉼표 용법과 더불어 미국 영어와 영국 영어의 차이점에 대한 설명도 마쳤으니 세미콜론과 콜론으로 넘어가기 전에 쉼표의 용법에 대해 복습을 해 보도록 하겠습니다.

쉼표의 용법 복습 I

다음 예문은 두 문장으로 이루어져 있고 쉼표는 네 개가 있습니다. 이 네 개의 쉼표는 어떤 용도로 쓰였을까요? 그리고 왜 두 번째 문장은 , but을 사용하여 앞 문장과 연결하지 않았을까요?

The higher oil prices, which a deputy prime minister said will take effect soon, are needed to bring in dollars and encourage investment in Russia's vital but aging oil industry. But the higher prices also will deal another blow to the nation's already battered consumers, farmers, and factories.[12]

정답

첫 문장의 쉼표 두 개는 추가 정보를 제공하는 절이나 구의 시작과 끝을 나타내는 쉼표입니다. 두 번째 문장에 있는 쉼표 두 개는 세 개 이상 연결되어 있는 각 항목들 사이에 쓰인 쉼표이죠. 두 번째 문장에서 , but을 사용하여 앞 문장과 연결하지 않은 이유는 문장이 너무 길어지기 때문입니다.

해석

부총리에 따르면 석유 가격의 인상은 곧 시행될 예정인데, 이것은 달러를 벌어들이고 러시아의 중추적이지만 노후되고 있는 석유 산업에 대한 투자를 촉진시키기 위해 필요하다. 하지만 석유 가격 인상은 이미 타격을 입은 소비자, 농부, 그리고 공장들에 또 다른 타격이 될 수도 있다.

쉼표의 용법 복습 2

아래 단락에서 불필요한 쉼표는 삭제를 하고 필요한 곳에는 쉼표를 찍으세요. 총 12개의 쉼표가 있어야 하고, 현재 사용된 쉼표 중 하나는 마침표로 바꿔야 합니다.

Somebody asked us, if we remembered seeing the Statue of Liberty as we pulled into the harbor. To tell you the truth we didn't care too much about it. The Statue of Liberty was important to white European immigrants, it was a symbol to them. We knew, it wasn't meant for us. On that first visit we could not get over the size of New York. Dad had been there once, and had tried to describe it but it was beyond our imagination. In New York there were so many different kinds of people from all over the world. There were Irish people German people Jewish people Italian people and so on. They all ate different foods and, you could smell strange things cooking, when you walked by people's apartments. We loved New York. When we returned home we talked to Dad about us moving to New York to attend college. After we moved to New York City, we had to find an apartment which was very difficult. The apartment, that we shared with our brother Lucius, was too small for all three of us.

(Adapted from the novel *Having Our Say*)

정답

Somebody asked us if we remembered seeing the Statue of Liberty as we pulled into the harbor. To tell you the truth, we didn't care too much about it. The Statue of Liberty was important to white European immigrants. It was a symbol to them. We knew it wasn't meant for us. On that first visit, we could not get over the size of New York. Dad had been there once and had tried to describe it, but it was beyond our imagination. In New York, there were so many different kinds of people from all over the world. There were Irish people, German people, Jewish people, Italian people, and so on. They all ate different foods, and you could smell strange things cooking when you walked by people's apartments. We loved New York. When we returned home, we talked to Dad about us moving to New York to attend college. After we moved to New York City, we had to find an apartment, which was very difficult. The apartment that we shared with our brother Lucius was too small for all three of us.

해석

누군가 우리가 항구에 도착했을 때 자유의 여신상을 본 것을 기억하는지 물었다. 사실대로 말하자면, 우리는 그것에 대해 크게 신경 쓰지 않았다. 자유의 여신상은 백인 유럽 이민자들에게 중요했다. 그것은 그들에게 하나의 상징이었다. 우리는 그것이 우리를 위한 것이 아님을 알았다. 뉴욕을 처음 방문했을 때 우리는 그 크기에 압도당했다. 아버지는 한 번 뉴욕에 가 본 적이 있었고 그곳을 설명하려고 노력했지만 우리는 그것을 상상할 수가 없었다. 뉴욕에는 아일랜드인, 독일인, 유대인, 이탈리아인 등 전 세계의 다양한 많은 사람들이 있었다. 그들은 모두 다른 음식을 먹었고, 사람들의 아파트 옆을 걸어갈 때면 이상한 음식 냄새를 맡을 수 있었다. 우리는 뉴욕을 사랑했다. 집에 돌아왔을 때, 우리는 아버지에게 우리가 대학에 진학하기 위해 뉴욕으로 이사를 갈 것이라고 말했다. 뉴욕으로 옮긴 후, 우리는 아파트를 구해야만 했는데 그것은 매우 어려웠다. 우리가 동생 루셔스와 함께 쓰는 아파트는 우리 셋에게는 너무 작았다.

Lesson 5 세미콜론(;)

Semi-Colon

Q 다음 보기에서 틀린 문장은 무엇일까요?

ⓐ My brother is a nurse; my sister is a doctor.

ⓑ My brother is a nurse, my sister is a doctor.

ⓒ My brother is a nurse, and my sister is a doctor.

ⓓ My brother is a nurse, but my sister is a doctor.

내 남동생은 간호사고 내 여동생은 의사이다.

정답은 ⓑ입니다. ⓐ는 세미콜론(;)이 두 문장을 연결해 주기 때문에 맞는 문장이지만 ⓑ는 〈Lesson 3〉에서 배운 무종지문입니다. 쉼표만으로는 두 문장을 연결할 수 없기 때문에 ⓒ나 ⓓ와 같이 등위 접속사 and나 but을 사용하여야 문법적으로 맞는 문장이 됩니다.

세미콜론의 기본 역할

세미콜론(;)과 콜론(:)은 한국어에서는 사용하지 않는 구두점이기 때문에 어려워 보이지만, 사실 쉼표보다 용법이 더 간단합니다. 우선 세미콜론(;)은 두 문장을 연결해 주는 등위 접속사라고 생각하면 됩니다.

등위 접속사 대신 세미콜론을 쓰는 이유 1

그럼 왜 등위 접속사를 사용하지 않고 세미콜론을 사용하여 두 문장을 연결할까요? and나 but과 같은 등위 접속사는 두 문장의 관계를 정확히 나타내 주지만, 세미콜론은 아무런 뜻을 수반하지 않기 때문에 스스로 두 문장의 관계를 파악해야 합니다. 앞뒤 문장이 밀접한 관계를 이루고 있을 때에는 세미콜론을 사용하여 글을 읽는 이로 하여금 두 문장의 관계를 유추하도록 하는 것이 좋을 때도 있습니다.

등위 접속사 대신 세미콜론을 쓰는 이유 2

등위 접속사 대신 세미콜론을 사용하는 또 하나의 이유는 문장을 간결하게 하기 위해서입니다. '주사위는 던져졌다.(The die has been cast.)'로 유명한 Julius Caesar의 또 하나의 명언 '왔노라, 보았노라, 이겼노라.'를 영어로 하면 어떻게 될까요?

Ⓐ I came; I saw; I conquered.

Ⓑ I came, I saw, I conquered.

Ⓒ I came, I saw, and I conquered.

I came과 I saw 그리고 I conquered 모두 문장(독립절)이기 때문에 세 문장을 등위 접속사 없이 연결하려면 세미콜론을 사용해 Ⓐ와 같이 연결해야 합니다. 하지만 이 명언만큼은 Ⓑ와 같이 쉼표를 사용해 세 문장을 연결해 줍니다.

라틴어 원문인 'Vēnī, Vīdī, Vīcī'에 접속사가 없기 때문인데, 이런 문장을 수사학(rhetoric)에서는 '접속사 생략(asyndeton)'이라고 합니다. 만약 문법적으로 맞게 한다고 등위 접속사 and를 사용하여 Ⓒ와 같이 쓴다면 명언의 간결함이 사라지겠죠.

세미콜론이 연결할 수 있는 문장의 수

세미콜론이 연결할 수 있는 문장의 수에는 한계가 없지만 보통 네 개 이상의 문장이 연결된 것은 거의 없습니다. ①과 같이 세 문장이 연결된 것은 쉽게 찾아볼 수 있죠.

① What qualifies as a publishable letter to the editor? The answer is necessarily highly subjective. We are looking for a national (and often international) conversation about the issues of the day—big and not so big—as well as fresh, bright writing that stands out through its own charm. Timeliness is a must; brevity will improve your chances; stylishness and wit will win my heart.[13]

(신문에) 실릴 수 있는 편집자에게 보낸 글은 어떤 요건을 갖추고 있을까? 답은 매우 주관적일 수밖에 없다. 우리는 그 자체의 매력으로 눈에 띄는 신선하며 밝은 글뿐만 아니라, 크든 작든 하루의 이슈들에 대한 국가적(또한 종종 국제적인) 대화를 찾고 있다. 시기적절함은 필수이고 간결함은 (출판) 가능성을 높일 것이다. 그리고 스타일리쉬함과 재치가 내 마음을 뺏을 것이다.

"Between You and I"?

혹시 Grammar Girl이라고 들어 보셨나요? 미국인들이 자주 틀리는 구두점과 문법에 대해 유용한 설명을 매주 podcast를 통해 전파하다가 일약 스타가 된 사람입니다. Grammar Girl의 두 번째 책인 〈The Grammar Devotional〉에 아래와 같은 단락이 나옵니다. between you and I 문구에 대한 설명인데 세미콜론이 들어간 밑줄 친 두 문장에 유의하면서 읽어 보시기 바랍니다.

When a song with a grammatically incorrect title becomes a smash hit, that's a catastrophe. English teachers everywhere were surely gnashing their teeth as students sang along with "Between You and I" by Jessica Simpson in 2006. ② But she can be forgiven; it's a hypercorrection heard sputtering from the mouths of many educated people. The reason it's wrong is that *between* is a preposition, and it's a rule that pronouns following prepositions have to be in the objective case. ③ *Me* is the objective pronoun; *I* is a subjective pronoun. Don't worry about the details, just clear your mind of the song, and memorize that the correct phrase is *between you and me*.[14]

문법적으로 잘못된 제목의 노래가 대 히트를 치면, 그것은 재앙이다. 2006년에 영어 교사들은 어디에서나 학생들이 제시카 심슨의 'Between You and I'를 따라 부르면 이를 갈았다. 그러나 제시카는 용서받을 수 있다. 왜냐하면 그것은 교육받은 많은 사람들의 입에서도 나오는 '과잉 수정'이기 때문이다. 'Between You and I'가 틀린 이유는 between은 전치사이고, 전치사 다음에 나오는 대명사는 반드시 목적격이어야 한다는 규칙이 있기 때문이다. Me는 목적격 대명사이고 I는 주격 대명사이다. 세부적인 규칙은 신경 쓸 필요가 없다. 다만 그 노래는 다 잊고 between you and me가 올바른 표현이라는 것만 기억해라.

"원어민이 왜 저런 말도 안 되는 실수를 하지?"라고 생각할 수도 있지만, 영어를 외국어로 배우는 우리나라 사람들은 절대 이런 실수를 하지 않는 반면 미국 사람들은 between you and I라는 말을 자주 씁니다. 그 이유는 어렸을 때부터 구어체로 "Me and my brother went to the park on Saturday."라는 말을 자연스럽게 쓰다가 학교에서 "My brother and I went to the park on Saturday."라고 말해야 한다고 배우기 때문이죠.(주어 자리에 목적격 대명사 me를 사용할 수 없다는 것은 당연한 것인데, 이상하게도 원어민들은 Me and my brother와 같은 명사구를 주어 자리에 자주 사용합니다.) 그러면서 전치사 between 뒤에는 목적격을 써야 한다는 것을 잘 모르는 원어민들이 자연스럽게 between my brother and I라고 쓰게 되는 것입니다.

등위 접속사 대신 세미콜론을 쓰는 이유 3

그럼 윗글에서 밑줄 친 두 문장의 세미콜론 대신 등위 접속사를 사용한다면 어떤 접속사를 사용할 수 있을까요? ②에서는 이유를 설명할 때 쓰이는 for를 사용하면 되는데 ③에서는 and도 되고 but도 됩니다.

②-1 But she can be forgiven, for it's a hypercorrection heard sputtering from the mouths of many educated people.

③-1 *Me* is the objective pronoun, and *I* is a subjective pronoun.

③–2 *Me* is the objective pronoun, but *I* is a subjective pronoun.

이렇게 세미콜론을 등위 접속사로 바꾸면 왜 접속사 대신 세미콜론을 사용하는지 이해가 됩니다. 등위 접속사 for는 앞에서 설명한 것과 같이 성경책에서 나올 법한 formal한 문장에서나 쓰이기 때문에 전체 단락의 분위기에 맞지 않습니다. 그리고 ③은 두 문장의 관계가 and로 연결해야 하는지 but으로 연결해야 하는지 애매하고, 앞뒤 문장이 모두 and로 연결된 복문이기 때문에 ③도 and나 but으로 연결하면 단락 전체가 너무 단조로워 보이기 때문이죠.

접속 부사나 연결구와 함께 쓰이는 세미콜론

등위 접속사가 없는 문장을 연결해 주는 세미콜론은 적절히 사용하기가 사실 쉽지 않습니다. 그래서 영작문을 공부하는 학생들이 꼭 알아야 할 것은 〈Lesson 3〉에서 배운 접속 부사conjunctive adverb나 연결구transitional phrase와 함께 쓰이는 세미콜론의 용법입니다.

④ She told me to clean her desk; moreover, she said I had to help her finish her homework.
그녀는 나에게 자신의 책상을 치우라고 말했다. 게다가 그녀는 내가 그녀의 숙제를 도와야만 한다고 말했다.

⑤ I didn't like English when I was in high school; in fact, I hated it.
나는 고등학교 때 영어를 좋아하지 않았다. 사실, 나는 영어를 싫어했다.

접속 부사나 연결구는 접속사가 아니므로 두 문장을 연결할 수 없습니다. 그래서 ④, ⑤와 같이 세미콜론을 사용하여 앞뒤 문장을 연결해야 합니다. 물론 두 문장을 마침표로 나눌 수도 있습니다.

④–1 She told me to clean her desk. Moreover, she said I had to help her finish her homework.

⑤–1 I didn't like English when I was in high school. In fact, I hated it.

세미콜론 vs. 마침표

두 문장을 세미콜론으로 연결하느냐 마침표로 나누느냐는 문장의 길이에 따라 결정되기도 하고 두 번째 문장을 얼마나 강조하느냐에 따라 결정되기도 합니다. ④, ⑤와 같이 별로 길지 않은 두 문장은 세미콜론으로 연결하는 것이 무난합니다. 하지만 두 번째 문장을 좀 더 강조하고 싶을 때는 두 문장으로 나눠서 쓰는 것이 좋고, 또 같은 단락에 있는 다른 문장들이 모두 길면 문장의 길이에 변화를 주기 위해 짧은 두 문장으로 나누는 것이 좋을 때도 있습니다.

세미콜론과 함께 쓰이는 접속 부사와 연결구

세미콜론과 주로 함께 쓰이는 접속 부사와 연결구의 예를 들면 다음과 같습니다.

접속 부사	연결구
besides, consequently, furthermore, hence, however, incidentally, indeed, instead, moreover, nevertheless, otherwise, subsequently, therefore, thus...	as a matter of fact, as a result, for example, in addition, in contrast, in fact, in other words, on the contrary, on the other hand...

세미콜론과 등위 접속사가 함께 쓰이는 경우

그럼 ⑥에서는 왜 등위 접속사 but이 있음에도 불구하고 세미콜론이 함께 사용되었을까요?

⑥ Many people believe that success in college requires intelligence, industry, and perseverance; but others, fewer in number, maintain that only personality is important.

많은 사람들은 대학에서의 성공이 지성, 근면, 그리고 인내심을 필요로 한다고 믿는다. 하지만 그보다 적은 몇몇 사람들은 오직 인격이 가장 중요하다고 주장한다.

등위 접속사 앞에 쉼표를 찍는 이유는 두 번째 문장의 시작을 쉽게 찾을 수 있게 하기 위해서입니다. 그런데 ⑥과 같이 문장 안에 쉼표가 많을 때에는 등위 접속사 앞에 쉼표 대신 세미콜론을 사용하기도 합니다.

문장이 아닌 것을 연결하는 세미콜론 1

간혹 세미콜론은 ⑦과 같이 문장이 아닌 구를 연결하기도 합니다.

⑦ Classic science fiction sagas are *Star Trek*, with Mr. Spock; *Battlestar Galactica*, with Cylon Raiders; and *Star Wars*, with Han Solo, Luke Skywalker, and Darth Vader.[15]

고전 공상 과학 무용담에는 Mr. Spock의 스타트랙, Cylon Raiders의 배틀스타 갤럭티카, 그리고 Han Solo, Luke Skywalker, Darth Vader의 스타워즈가 있다.

여기서 만약 세미콜론 대신 쉼표를 사용했다면 밑줄 친 and가 연결하는 것이 각각 Star Trek, Battlestar Galactica, Star Wars라는 것이 한눈에 들어오지 않을 것입니다.

문장이 아닌 것을 연결하는 세미콜론 2

그럼 ⑧의 밑줄 친 두 문장에서는 세미콜론 뒤에 완전한 문장이 오지 않았음에도 불구하고 왜 세미콜론이 쓰였을까요?

⑧ If a language has only two color words, they are for black and white. If it has three, they are for black, white, and red; if four, black, white, red and either yellow or green. Five adds in both yellow and green; six, blue; seven, brown; more than seven, purple, pink, orange, or gray.[16]

만약 언어가 오직 두 가지 색의 단어만 가진다면, 그것은 검정색과 흰색이다. 만약 세 가지 색이라면, 검정, 흰색, 그리고 빨간색이고, 네 가지 색이라면, 검정, 흰색, 빨강, 그리고 노란색이나 초록색 중 하나이다. 다섯 가지 색이라면 노란색과 초록색 모두를 포함하고 여섯 가지라면 파란색이, 일곱 가지라면 갈색이, 그리고 일곱 가지 이상이라면 자주, 핑크, 오렌지, 또는 회색을 포함한다.

언뜻 보면 ⑦과 비슷한 것 같지만 ⑧의 밑줄 친 부분은 세미콜론의 앞 문장에 포함되는 명사구가 아니라 여러 개의 문장을 세미콜론이 연결한 것입니다. 반복되는 단어들을 생략하였기 때문에 ⑦과 비슷하게 보이는 것뿐이죠.

⑧-1 If it has three, they are for black, white, and red; if (it has) four, (they are) black, white, red and either yellow or green.

⑧-2 Five adds in both yellow and green; six (adds in) blue; seven (adds in) brown; more than seven (adds in) purple, pink, orange, or gray.

하지만 ⑦, ⑧과 같은 특별한 상황을 제외하고 세미콜론은 항상 단어나 구가 아닌 문장을 연결해 준다는 것을 기억해야 합니다.

이것만은 확실히

- 세미콜론은 두 문장을 연결해 주는 등위 접속사의 역할을 한다.
  e.g. Timeliness is a must; brevity will improve your chances.
- 세미콜론은 접속 부사와 함께 쓰여 두 문장을 연결한다.
  e.g. She told me to clean her desk; moreover, she said I had to help her finish her homework.

콜론(:)

Colon

Q 아래 두 문장의 뜻이 제대로 전달되도록 각 문장 뒤에 설명을 덧붙여 보세요.

ⓐ Minds are like parachutes.

ⓑ Faith is like love.

ⓐ '사람의 마음은 낙하산과 같다.' ⓑ '믿음은 사랑과 같다.' 뭔가 멋있는 말인 것 같은데, 무슨 뜻인지 잘 와 닿지가 않습니다. 이런 문장들은 아래와 같이 콜론(:)을 사용하여 설명을 덧붙이면 아주 멋있는 문장으로 변합니다.[17]

Ⓐ Minds are like parachutes: They function only when open.
사람의 마음은 낙하산과 같다. 열려 있을 때에만 작동하기 때문이다.

Ⓑ Faith is like love: It cannot be forced.
믿음은 강요할 수 없다는 점에서 사랑과 같다.

콜론의 기본 역할

콜론(:)의 용법을 세부적으로 나누면 여러 가지가 있지만 모든 용법의 공통이 되는 개념은 콜론 뒤에 나오는 것이 콜론 앞의 것을 설명해 준다는 것입니다.

세미콜론과 콜론의 차이 1

세미콜론 뒤에 오는 문장은 항상 소문자로 시작해야 하지만 콜론 뒤에 오는 문장은 위 Quiz의 정답처럼 대문자로 시작해도 되고 ①처럼 소문자로 시작해도 됩니다.

① Here's the relevant question: on a per-mile basis, is it more dangerous to drive drunk or walk drunk?[18]
적절한 질문은 "마일 당 계산했을 때 음주 운전을 하는 것과 술에 취해 걷는 것 중 어느 것이 더 위험한가?"이다.

세미콜론과 콜론의 차이 2

세미콜론과 콜론의 또 하나의 차이점은 세미콜론 뒤에는 특별한 상황을 제외하고는 항상 완전한 문장이 쓰여야 하지만, 콜론의 뒤에는 단어가 올 수도 있다는 것입니다.

② After his parents were murdered, he had only one thing on his mind: revenge.
그의 부모님이 살해당한 후 그는 오직 한 가지만 생각했는데, 그것은 바로 '복수'였다.

③ Monkeys rarely refuse food, but in this case they appear to be pursuing an even higher value than eating: fairness.[19]
원숭이들은 좀처럼 음식을 거부하지 않지만, 이 경우에는 먹는 것보다 더 높은 가치인 '공정'을 추구하는 것처럼 보인다.

the following & as follows

②, ③과 같이 콜론 뒤에는 단어가 쓰일 수 있으므로 콜론은 the following 또는 as follows와 함께 목록을 나열하는 데 자주 사용됩니다.

④ To be a good student, you must have the following: intelligence, industry, and perseverance.
좋은 학생이 되기 위해서 너는 다음과 같은 것들, 즉 지성, 근면, 그리고 인내심을 가져야 한다.

⑤ What all good students have in common is as follows: intelligence, industry, and perseverance.
모든 훌륭한 학생들이 공통적으로 가지고 있는 것은 바로 지성, 근면, 그리고 인내심이다.

참고로 the following은 모든 동사와 함께 쓰일 수 있는 반면, as follows는 오로지 be 동사만 함께 쓰일 수 있습니다. 다시 말해 ④를 have as follows로 바꿀 수는 없지만 ⑤를 is the following으로 바꾸는 것은 가능하죠. 그리고 콜론과 함께 쓰이는 the following은 절대 the followings처럼 복수형으로 쓰이지 않는다는 것도 기억하기 바랍니다.

콜론 앞에는 완전한 문장?

콜론 뒤에는 완전한 문장이 올 필요가 없지만 콜론 앞에는 원칙적으로 완전한 문장이 와야 합니다. 따라서 ⑥는 ⑥-1 또는 ⑥-2로 고치는 것이 정석입니다.

⑥ The stolen items include: my watch, my wife's diamond ring, and our wedding album.
도난 당한 물품에는 내 시계, 내 아내의 다이아몬드 반지, 그리고 우리의 결혼 앨범이 포함되어 있다.

⑥-1 The stolen items include my watch, my wife's diamond ring, and our wedding album.

⑥-2 The stolen items include the following: my watch, my wife's diamond ring, and our wedding album.

문법책에서는 ⑦, ⑧과 같이 완전한 문장 뒤에 쓰이지 않은 콜론은 모두 비문으로 간주합니다. ⑥-1이나 ⑥-2처럼 콜론을 삭제하거나 동사 뒤에 the following 또는 as follows를 써야 한다고 말하죠.

⑦ The two most important qualities of teachers are: patience and enthusiasm.[20]
교사에게 있어 가장 중요한 두 가지 특성은 인내와 열정이다.

⑧ The heart's two pumps each consist of: an upper chamber, or atrium, and a lower chamber, or ventricle.[21]
심장의 두 개의 펌프는 각각 위쪽 방인 심방과 아래쪽 방인 심실로 이루어져 있다.

그런데 사실 ⑥, ⑦, ⑧과 같은 문장은 책이나 학술지에서도 빈번히 쓰이는 편이어서 콜론 앞에 완전한 문장이 쓰이지 않은 경우를 비문으로 보기는 어렵습니다. 유명한 미국 하버드 대학 Michael Sandel 교수의 책 〈정의란 무엇인가(**Justice**)〉에서도 다음과 같은 문장이 나오죠.

⑨ But Aristotle reminds us that all theories of distributive justice discriminate. The question is: Which discriminations are just?[22]

그러나 아리스토텔레스는 우리에게 분배적 정의에 관한 모든 이론들이 차별적이라는 것을 상기시킨다. 문제는 "어떤 차별이 정의로운가?"이다.

그래도 콜론 앞에는 안전하게 완전한 문장을 쓰는 것이 좋은 습관입니다.

인용문과 함께 쓰이는 콜론

마지막으로 콜론은 인용문과 함께 쓰이기도 합니다. He said 또는 she wrote 등과 같이 완전하지 않은 문장으로 인용할 때는 ⑩과 같이 쉼표를 사용하지만, ⑪과 같이 완전한 문장이 인용문을 소개할 때에는 콜론을 사용합니다.

⑩ John F. Kennedy said, "Ask not what your country can do for you; ask what you can do for your country."

존 케네디는 "국가가 당신에게 무엇을 해 줄 수 있는지 묻지 말고 당신이 국가를 위해 무엇을 할 수 있는지를 물어라."라고 말했다.

⑪ Consider the words of John F. Kennedy: "Ask not what your country can do for you; ask what you can do for your country."

존 케네디가 말한 "국가가 당신에게 무엇을 해 줄 수 있는지 묻지 말고 당신이 국가를 위해 무엇을 할 수 있는지를 물어라."라는 말을 생각해 보아라.

끝으로 Part 1의 마무리는 카뮈의 수필집 〈시시포스의 신화(**The Myth of Sisyphus**)〉의 서문 첫 페이지에 나오는 구절로 장식하도록 하겠습니다. 내용은 조금 심오하지만 콜론, 세미콜론, 쉼표가 왜 쓰였는지 이해하기에 좋은 글입니다. 참고로 여기에서 therefore 뒤에는 쉼표가 없습니다. 원래 접속 부사 뒤에는 쉼표를 사용하는 것이 맞지만 however처럼 대조를 나타내는 접속 부사를 제외한 다른 접속 부사는 쉼표와 함께 사용되지 않는 경우도 가끔 있습니다.

⑫ The fundamental subject of "The Myth of Sisyphus" is this: it is legitimate and necessary to wonder whether life has a meaning; therefore it is legitimate to meet the problem of suicide face to face. The answer, underlying and appearing through the paradoxes which cover it, is this: even if one does not believe in God, suicide is not legitimate.[23]

'시시포스 신화'의 근본적 주제는 삶이 의미를 가지고 있는지 궁금해 하는 것은 정당하고 필요하다는 것이다. 그러므로 정면으로 자살의 문제를 마주하는 것은 합당하다. 역설에 깔려 있고 그것을 통해 드러나는 이 문제의 답은 바로 신을 믿지 않는다고 하더라도 자살은 정당하지 않다는 것이다.

이것만은 확실히

- 콜론(:) 뒤에 나오는 단어, 구, 문장은 콜론 앞의 문장을 설명해 준다.
  e.g. Minds are like parachutes: They function only when open.
- 콜론 앞에는 되도록 완전한 문장을 쓴다.
  e.g. The stolen items include the following: my watch, my wife's diamond ring, and our wedding album.

Exercise 1

1. 다음 광고 글에서 문법적으로 틀린 곳을 찾아 수정하세요.

Honesty. It's as important as any other asset. Because a business that deals in truth, openness, and fair value cannot help but do well. It is toward this end that we support the Better Business Bureau. Come join us. And profit from it.[24]

2. 다음 문장에서 문법적으로 틀린 곳을 찾아 수정하세요.

Nowadays, Incheon is becoming a global city by holding several international events, also a lot of countries all over the world have started to pay attention to the development of Incheon.[25]

3. 다음 글에서 but neither을 등위 접속사 하나로 대체하여 문장을 완성하세요.

That is because morality and freedom are not empirical concepts. We can't prove that they exist, but neither can we make sense of our moral lives without presupposing them.[26]

4. 다음 글에서 쉼표가 있어야 할 열두 곳을 찾아 쉼표를 찍으세요.

Poultry Princess

Paige Phillips a 16-year-old freshman who plans to study physics recently was named the Poultry Princess in Washington County Ohio where she was raised.

"I love chickens" says Phillips who has been a 4H Club member for 10 years and who has raised hundreds of chickens. She won dozens of awards for showing chickens and is an expert on their care and feeding often traveling across the county with her crown to educate others. Dissatisfied with commercial poultry leg ID band she constructed Velcro bands with embroidered ID numbers.

"Chickens are simple silly and fun" says this expert adding it is in fact the chicken that comes before the egg.[27]

5. 다음 글을 읽고 표시된 곳에 알맞은 구두점을 넣으세요.

Initially learners need to understand that a basic characteristic of every English word containing more than one syllable is its stress pattern. They also need to understand that even if all the individual sounds are pronounced correctly incorrect placement of stress can cause misunderstanding. Thus our first step as teachers is to clarify the following (a) how native speakers highlight a stressed syllable (length, volume, and pitch) (b) how they produce unstressed syllables (often with vowel reduction) (c) and what the three main levels of stress are (strongly stressed, lightly stressed, and unstressed).

Next we need to examine the primary dilemma faced by our students—namely hearing and predicting where stress falls in words. As mentioned earlier word stress in English is not nearly as predictable as it is in languages such as French or Polish nor does English indicate irregularly placed stress patterns through stress or accent marks in the spelling which is the case in Spanish.

Nonetheless stress placement in English words is for the most part a rule-governed phenomenon and explicit teaching of word stress patterns should be a part of the ESL pronunciation curriculum. When addressing this in the classroom it is the teacher's task to minimize students' frustration and to clarify the systematicity of stress placement in words.[28]

Exercise 1

1. Honesty. It's as important as any other asset because a business that deals in truth, openness, and fair value cannot help but do well. It is toward this end that we support the Better Business Bureau. Come join us, and profit from it.

정직. 그것은 다른 자산들만큼이나 중요한데, 이는 진실, 개방, 공평과 같은 가치를 다루는 사업이 잘 될 수밖에 없기 때문이다. 우리가 거래 개선 협회를 지지하는 것은 바로 이러한 목적을 위한 것이다. 우리와 함께 하자. 그리고 그것으로부터 이득을 얻자.

2. Nowadays, Incheon is becoming a global city by holding several international events. Also, a lot of countries all over the world have started to pay attention to the development of Incheon.

오늘날 인천은 몇몇 국제 행사들을 개최함에 따라 세계적인 도시가 되고 있다. 또한 전 세계 많은 나라들이 인천의 발전에 주목하기 시작했다.

3. That is because morality and freedom are not empirical concepts. We can't prove that they exist, nor can we make sense of our moral lives without presupposing them.

그것은 도덕과 자유가 경험적인 개념이 아니기 때문이다. 우리는 그것들이 존재한다는 것을 증명할 수 없을 뿐 아니라 그것을 전제하지 않고 우리의 도덕적 삶을 이해할 수도 없다.

4.

Poultry Princess

Paige Phillips, a 16-year-old freshman who plans to study physics, recently was named the Poultry Princess in Washington County, Ohio, where she was raised. 〈Lesson 9: 동격 명사구(Appositives)〉 참조.

"I love chickens," says Phillips, who has been a 4H Club member for 10 years and who has raised hundreds of chickens. She won dozens of awards for showing chickens and is an expert on their care and feeding, often traveling across the county with her crown to educate others. Dissatisfied with commercial poultry leg ID band, she constructed Velcro bands with embroidered ID numbers. 〈Lesson 10: 분사구문(Participial Phrases)〉 참조.

"Chickens are simple, silly, and fun," says this expert, adding it is in fact the chicken that comes before the egg.

물리학을 공부하기로 계획한 16살 된 신입생 페이지 필립스는 최근에 그녀가 자란 오하이오 주의 워싱턴 카운티에서 '가금류(오리와 닭 따위) 공주'라고 이름 지어졌다.

"나는 닭들을 사랑해요." 10년간 4H 클럽의 회원이었으며 수백만 마리의 닭을 길러 온 필립스가 말한다. 그녀는 닭 대회에서 수십 개의 상을 받았고, 닭을 관리하고 먹이는 주는 것에 대해 전문가인데, 종종 자신이 받은 왕관을 가지고 다른 사람들을 교육하기 위해 이곳저곳을 여행한다. 상업적으로 판매되는 가금류 다리 ID 밴드에 불만족스러워 했던 페이지는 장식된 ID 숫자를 가진 찍찍이(Velcro) 밴드를 만들었다.

닭이 달걀보다 먼저라는 것을 덧붙이며 닭의 전문가 페이지는 이렇게 말한다. "닭들은 단순하고 어리석으며 재미있어요."

5. Initially, learners need to understand that a basic characteristic of every English word containing more than one syllable is its stress pattern. They also need to understand that even if all the individual sounds are pronounced correctly, incorrect placement of stress can cause misunderstanding. Thus, our first step as teachers is to clarify the following: (a) how native speakers highlight a stressed syllable (length, volume, and pitch); (b) how they produce unstressed syllables (often with vowel reduction); (c) and what the three main levels of stress are (strongly stressed, lightly stressed, and unstressed).

Next, we need to examine the primary dilemma faced by our students—namely, hearing and predicting where stress falls in words. As mentioned earlier, word stress in English is not nearly as predictable as it is in languages such as French or Polish; nor does English indicate irregularly placed stress patterns through stress or accent marks in the spelling, which is the case in Spanish.

Nonetheless, stress placement in English words is for the most part a rule-governed phenomenon, and explicit teaching of word stress patterns should be a part of the ESL pronunciation curriculum. When addressing this in the classroom, it is the teacher's task to minimize students' frustration and to clarify the systematicity of stress placement in words.

처음에 학습자들은 한 개 이상의 음절을 지닌 모든 영어 단어의 기본적 특징이 강세 패턴이라는 것을 이해할 필요가 있다. 그들은 각각의 소리가 모두 정확하게 발음되더라도 강세의 잘못된 사용이 오해를 야기할 수 있다는 것을 이해해야만 한다. 그래서 교사로서의 우리의 첫 번째 임무는 (a)어떻게 원어민 화자들이 강세를 받는 음절(길이, 크기, 높낮이)을 강조하는지, (b)어떻게 강세 받지 않는 음절을 발음하는지(종종 모음의 축약이 일어남), 그리고 (c)강세의 세 가지 주된 단계는 (강하게 강세를 받고, 약하게 강세를 받고, 강세를 받지 않는) 무엇인지를 명확히 해야 한다.

다음으로 우리는 학생들이 직면하는 주된 딜레마, 즉 단어에서 강세가 놓이는 곳을 듣고 예측하는 것에 대해 생각해 볼 필요가 있다. 이미 언급했듯이 영어의 단어 강세는 프랑스 어나 폴란드 어와 같은 언어처럼 예측 가능하지 않으며, 스페인 어처럼 철자에 강세나 악센트 표시를 통해 불규칙적인 강세 패턴을 표시하지도 않는다.

그럼에도 불구하고, 영어 단어의 강세 배치는 대부분 규칙 지배적인 현상이며, 단어 강세 패턴의 명시적 교수는 ESL 발음 교육 과정의 한 부분으로 포함되어야 한다. 교실에서 이것을 다룰 때, 학생들의 답답함을 최소화하고 단어 내의 강세 배열의 체계성을 명확히 설명하는 것이 교사의 일이다.

PART 2

영작문의 최대 미덕은 간결성

Brevity

WRITING

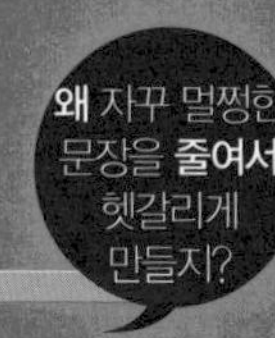

MANUAL

Part 2

영작문의 최대 미덕은 간결성

Brevity

요즘은 초등학교는 물론 중고등학교에도 다양한 자료를 이용하여 수업을 하시는 영어 선생님들이 많이 계십니다. 하지만 제가 학교를 다닐 적만 해도 중고등학교의 영어시간은 주로 선생님이 교과서 본문을 읽고 해석을 한 뒤 문법을 설명해 주는 식으로 진행되었죠. 그중 가장 기억에 남는 것은 가끔 선생님이 본문을 읽다가 "여기에 뭐가 생략되었지?"라고 물으시던 것입니다. 그리고 정답은 거의 항상 which is였습니다.

항상 똑같은 것만 묻는 선생님보다 더 이해가 안 되었던 것은, 왜 영어는 멀쩡한 문장을 줄여서 사람을 헷갈리게 만드는 가였습니다. 이 궁금증은 영문법에서 가장 어려운 부분 중 하나인 분사구문을 공부하면서 더욱 커졌습니다. ①과 같이 멀쩡한 부사절을 줄여서 분사구문을 만드는데, 그 과정도 결과도 굉장히 헷갈렸죠.

① As I (have) finished my assignments, I have nothing to do.

= Having finished my assignments, I have nothing to do.

숙제를 끝마쳤기 때문에 나는 해야 할 일이 없다.

한국에서 끝내 이해하지 못했던 그 복잡한 분사구문을 저는 미국에 간 지 3년이 넘어서야 터득하게 되었습니다. 마침내 분사구문을 이해한 지 며칠이 채 지나지 않았을 때 미국 친구 한 명이 저에게 이렇게 물었습니다.

Hey, why do you look so tired, Isaiah?

이사야, 너 왜 그렇게 피곤해 보이니?

그래서 저는 이렇게 대답했죠.

② Having slept only three hours yesterday, I feel exhausted today.

어제 세 시간밖에 자지 못하였으므로 오늘 너무 피곤해.

그러자 제 친구가 이렇게 말하더군요.

You must be really tired, Isaiah. You're talking really strange.

너 정말 피곤한가보다. 말하는 게 정말 이상해.

정말 당황스러웠습니다. 왜 원어민도 잘 모르는 문법 구조를 한국 사람이 고생스럽게 공부해야 하는지 배신감을 느꼈습니다. 몇 년이 더 지나서 알고 보니 분사구문은 대화체에서는 사용되지 않고 문어체에서만 쓰이더군요. 그래서 원어민들도 아주 어려워하는 부분이라는 것을 알게 되었습니다.

분사구문이 문어체에서만 사용되는 이유는 영작문에서 지켜야 할 가장 중요한 원리 중 하나가 간결성brevity이기 때문입니다.

영화 〈죽은 시인의 사회(**Dead Poets Society**)〉에서 Carpe diem. Seize the day, boys! Make your lives extraordinary.라는 명언으로 학생들을 사로잡은 영문학 선생님이 수업시간에 이렇게 말하죠.

A man is not very tired. He is exhausted! And don't use *very sad*. Use *morose*.

한 남자가 '매우 피곤한' 것이 아니다. 그는 '지친' 것이다. 그리고 '매우 슬픈'이라고 쓰지 마라. '침울한'이라고 써라.

다름 아닌 바로 간결성의 중요성을 학생들에게 일깨워 주는 장면입니다. 영작문에서 very나 pretty와 같은 강조 부사를 사용하는 것은 좋지 않습니다. 보다 강렬한 뜻이 있는 exhausted이나 morose를 쓰는 것이 좋죠. 그런 형용사를 모르면 어떻게 하냐고요? 간단합니다. 그냥 tired나 sad만 쓰면 됩니다.

물론 exhausted이나 morose보다는 의미가 약하지만 very tired나 very sad보다는 낫다는 것을 꼭 기억해 두기 바랍니다. 그만큼 영작문에서는 간결성이 중요하다는 뜻이죠. 영어 에세이에서 추구하는 세 가지의 기본적인 원리는 다음과 같습니다.

간결성 Brevity　　명확성 Clarity　　세련미 Elegance

사실 이 세 가지의 원리 중 어떤 하나가 특히 더 중요하다고 말하기는 어렵습니다. 하지만 간결성을 추구하다 보면 문장이 세련되어지기도 하고 긴 문장이 간결해지면 뜻이 좀 더 명확하게 전달될 수도 있습니다. 특히 Elegance는 어느 정도 수준의 작문 실력을 갖고 있지 않는 이상 추구하기 어렵기 때문에 학생들에게는 먼저 Brevity를 강조하는 것이죠. 이 책에서도 Brevity에 관련된 문법 구조를 집중적으로 다루겠습니다. 하지만 그전에 Clarity와 Elegance에 관련된 문법 구조를 각각 대표적인 것 하나씩 다뤄 보도록 하겠습니다.

(명확성을 위한) 대구법

Parallelism (for Clarity)

Q 다음 문장 중 비문은 어떤 것일까요?

ⓐ I like to sing.
나는 노래 부르는 것을 좋아한다.

ⓑ I like dancing.
나는 춤추는 것을 좋아한다.

ⓒ I like to sing and dancing.
나는 노래하고 춤추는 것을 좋아한다.

정답은 ⓒ입니다. and는 등위 접속사이기 때문에 문법적으로 같은 요소를 연결해 주어야 하는데, to sing은 부정사이고 dancing은 동명사이므로 ⓒ가 비문입니다.

등위 접속사가 있을 때의 목적어 형식 통일

영어에서는 많은 동사들이 목적어를 to 부정사 아니면 동명사 둘 중 하나로 받습니다. 하지만 like 같은 동사는 to 부정사와 동명사 모두 목적어로 씁니다. 대신 문장 안에 등위 접속사가 있을 때에는 형식을 통일해 주어야 하죠. Quiz에 나왔던 ①도 ①-1과 같이 모두 동명사이거나 ①-1처럼 모두 to 부정사로 통일해야 합니다.

① *I like to sing and dancing.

①-1 I like singing and dancing.

①-2 I like to sing and (to) dance.
나는 노래하고 춤추는 것을 좋아한다.

한 쌍으로 쓰이는 접속사 사이의 형식 통일

마찬가지로 both … and ~, either … or ~, not only … but also ~와 같이 한 쌍으로 쓰이는 접속사 사이에도 문법적으로 대등한 요소가 사용되어야 합니다.

② *She has played with orchestras both in Europe and Asia.

②-1 She has played with orchestras both in Europe and in Asia.

②-2 She has played with orchestras in both Europe and Asia.[29]

그녀는 유럽과 아시아 두 곳에서 오케스트라와 연주를 했다.

①, ②가 쉽다고 생각할지 모르지만 등위 접속사가 연결하는 요소들이 많아지면 원어민들도 무엇이 잘못되었는지 알아내기 어렵습니다.

1. and가 여러 가지를 연결하는 문장 바로잡기

③ *Children who study music also learn confidence, coordination, and they are creative.[30]

③을 문법적으로 맞는 문장으로 고치려면 우선 and가 연결해 주는 것이 무엇인지를 먼저 파악해야 합니다. 다음 두 가지의 가능성이 있을 수 있습니다.

and가 문장과 문장을 연결하는 경우

우선 Children으로 시작하는 문장과 they로 시작하는 문장을 연결해 주는 것이라고 가정하면, ③-1과 같이 confidence와 coordination도 and로 연결해야 합니다. 두 단어를 연결할 때는 쉼표 대신 등위 접속사를 써야 하니까요.

③-1 Children who study music also learn confidence and coordination, and they are creative.

음악을 배우는 아이들은 또한 자신감과 협동심을 배우고, 창의적이다.

and가
명사와 명사를
연결하는 경우

하지만 and가 confidence와 coordination, 그리고 they are creative의 세 가지를 모두 연결한다고 가정한다면 ③-2와 같이 they are creative를 명사(creativity)로 바꿔야 합니다. 앞에서 말했듯이 등위 접속사로 연결할 때는 연결어의 형식을 통일해야 하기 때문이죠.

③-2 Children who study music also learn confidence, coordination, and creativity.
음악을 배우는 아이들은 또한 자신감, 협동심, 그리고 창의력을 배운다.

③-1은 문법적으로는 맞는 문장이지만 and가 연속으로 들어가서 어색하기 때문에 결론적으로 ③-2로 고치는 것이 좋겠습니다.

2. or이 여러 가지를 연결하는 문장 바로잡기

④도 마찬가지로 등위 접속사 or이 무엇을 연결해 주는지를 먼저 파악해야 합니다.

④ *It is foolish to think that a leader's skills can be applied to all occasions, that they can be taught outside a historical context, or one can learn them as a "secret" of control in every situation.[31]

or이 연결하는
절 형식 통일하기

그럼 우선 쉼표가 어디에 있는지를 살펴봐야 하겠죠. all occasions와 that 사이에 있는 쉼표로 미뤄 보면 or이 연결해 주는 것은 처음 두 개의 that절과 one으로 시작하는 마지막의 절인 것 같습니다. 그럼 최소한 문법적으로 맞게 하려면 ④-1처럼 or 다음에 that을 넣어 주어야 하겠죠.

④-1 It is foolish to think that a leader's skills can be applied to all occasions, that they can be taught outside a historical context, or that one can learn them as a "secret" of control in every situation.

지도자의 능력이 모든 상황에 적용될 수 있다거나 그것들을 역사적 맥락 밖에서 배울 수 있다거나 또는 모든 상황에서 사용 가능한 지배의 '비밀'로써 그것들을 배울 수 있다고 생각하는 것은 어리석은 짓이다.

연결되는 that절 '태' 통일하기

그런데 이 세 개의 that절을 비교해 보면 처음 두 개의 that절과 마지막 that절의 구조가 조금 다르다는 것을 알 수 있습니다. 처음 두 개의 that절은 수동태로 쓰여 있는데 마지막은 능동태로 쓰여 있죠. 모두 수동태로 바꾸면 ④-2와 같은 문장이 됩니다.

④-2 It is foolish to think that a leader's skills can be applied to all occasions, that they can be taught outside a historical context, or that they can be learned as a "secret" of control in every situation.

연결되는 that절 간결하게 다듬기

그런데 문장을 좀 줄일 수는 없을까요? 이렇게 모든 절을 수동태로 맞춰놓고 보니 두 번째와 세 번째 that절의 주어를 생략하여 ④-3과 같이 줄일 수 있다는 것이 보입니다.

④-3 It is foolish to think that a leader's skills can be applied to all occasions, can be taught outside a historical context, or can be learned as a "secret" of control in every situation.

과한 간결함의 단점

그럼 내친 김에 ④-4와 같이 두 번째와 세 번째 can be도 삭제하는 것은 어떨까요?

④-4 It is foolish to think that a leader's skills can be applied to all occasions, taught outside a historical context, or learned as a "secret" of control in every situation.

④-4는 ④-3보다 간결하다는 장점은 있지만, taught와 learned가 과거 분사가 아닌 동사의 과거형으로 해석이 될 수 있다는 단점이 있습니다.

문장을 간결하게 할 때 주의할 점

④-3과 ④-4는 영작문에서 가장 중요한 두 가지의 원리를 잘 나타내고 있습니다. 바로 간결성과 명확성이죠. ④-3처럼 문장이 간결해지면서 명확해지기도 하지만, ④-4처럼 너무 간결성을 중요시하다 보면 명확성이 떨어질 수도 있다는 것입니다.

이것만은 확실히

- 등위 접속사로 연결을 할 때는 앞뒤 연결어의 형식을 통일해 주고 중복되는 부분을 삭제하여 간결하게 만든다.

e.g. It is foolish to think that a leader's skills can be applied to all occasions, can be taught outside a historical context, or can be learned as a "secret" of control in every situation.

(세련미를 위한) 교차 배열법

Chiasmus (for Elegance)

Q 다음 보기 중에서 가장 Elegant한 문장은 무엇일까요?[32]

① A concise style can improve both our own thinking and our readers' understanding.

② A concise style can improve both our own thinking and the understanding of our readers.

③ A concise style can improve not only our own thinking but the understanding of our readers.
간결한 문체는 우리 자신의 사고뿐 아니라 독자의 이해도 향상시킬 수 있다.

정답은 ③입니다. 세 문장 모두 문법적으로는 맞는 문장이지만 ①보다는 ②가, ②보다는 ③이 더 Elegant한 문장입니다. ②, ③으로 갈수록 더 Elegant해지는 이유는 문장 끝이 점점 더 강조되기 때문입니다.

밋밋한 → 세련된

Chiasmus란? 문장을 우아하고 세련되게 만드는 것은 몇 가지 법칙을 배운다고 되는 것은 아닙니다. 오히려 우아하고 세련된 글을 많이 읽다 보면 저절로 습득되는 것이죠.

그렇다고 법칙을 무시할 수는 없으므로 우아함을 살리기 위해 간결성을 희생하는 교차 배열법chiasmus에 대해서 배워 보도록 하겠습니다. Chiasmus란 그리스 어로 crossing(교차)이라는 뜻입니다.

문장 뒤가 무거울수록 우아하다

Quiz에 나왔던 문장을 다시 보도록 하죠.

① A concise style can improve *both* our own thinking *and* our readers' understanding.

② A concise style can improve *both* our own thinking *and* the understanding of our readers.

③ A concise style can improve *not only* our own thinking *but* the understanding of our readers.
간결한 문체는 우리 자신의 사고뿐 아니라 독자의 이해도 향상시킬 수 있다.

①과 ②의 다른 점은 our readers' understanding과 the understanding of our readers입니다. 간결성을 고려한다면 ①이 좋겠지만 문장의 우아함을 함께 고려한다면 ①보다는 ②가 좋은 문장이라고 할 수 있습니다.

①의 both A and B에서는 A와 B가 모두 같은 문법 구조를 가지고 있습니다. 하지만 ②의 both A and B에서는 A와 B의 문법 구조가 다음과 같이 교차되었습니다.

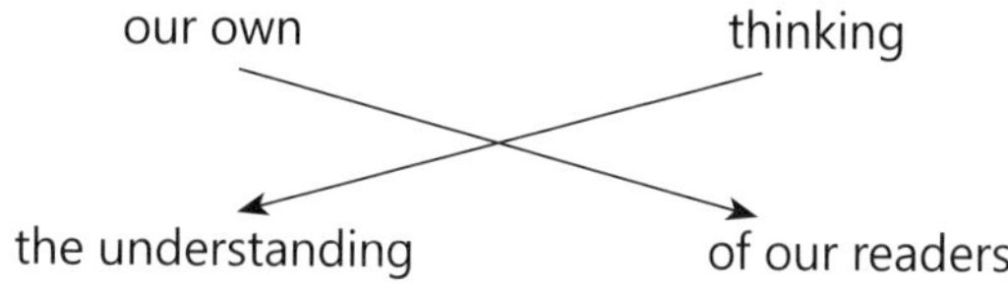

교차 배열이 문장을 우아하게 만드는 이유는 근본적으로 문장의 끝에는 강하고 무거운 단어나 구가 오는 것이 좋기 때문입니다. 단순한 명사나 동명사보다는 of 전치사구가 무겁고 강한 문법 구조이죠. ②보다 ③이 좀 더 Elegant한 이유도 both A and B보다는 not only A but (also) B가 문장 끝의 B를 강조하는 효과가 있기 때문입니다.

역할어보다 무거운 의미어

이미 중학교 때 배운 ④와 ⑤의 차이점도 같은 원리에서 기인한 것입니다.

④ a. I have to pick John up. b. I have to pick up John.
나는 존을 태우러 가야 한다.

⑤ a. I have to pick him up. b. *I have to pick up him.
나는 그를 태우러 가야 한다.

동사, 명사, 형용사, 부사와 같은 의미어는 강하고 무거운 단어이지만 대명사나 전치사와 같은 역할어는 그렇지 않습니다. 그래서 되도록 문장의 끝에는 대명사나 전치사가 오지 않도록 하는 것이 좋습니다. Don't end a sentence with a preposition.(전치사를 문장 끝에 사용하지 마라.)이라는 규칙도 전치사가 너무 가볍고 약한 단어임을 말해 줍니다. 이 규칙에 대한 Winston Churchill의 재치 있는 대답도 아주 유명하죠.

⑥ *This is the type of arrant pedantry up with which I shall not put.

To put up with ~는 '~을 참다/견디다'라는 뜻입니다. 그런데 up은 부사이고 with가 전치사이기 때문에 원래는 아래와 같이 말해야 합니다.

⑥-1 This is the type of arrant pedantry with which I shall not put up.
이것이 바로 내가 견딜 수 없는 지나치게 규칙에 얽매이는 형식이다.

비교되는 구 세련되게 바로잡기

그럼 마지막으로 아래 문장의 틀린 곳은 어디이며 어떻게 수정하면 될까요?

⑦ *Very few black doctors were allowed to serve in the Civil War, and their qualifications had to be higher than white doctors.[33]

⑦에서 비교되는 대상은 their qualifications와 white doctors가 아니고 their [black doctors'] qualifications와 white doctors' qualifications입니다. 물론 white doctors' qualifications라고 써도 되지만 같은 단어를 반복하는 것은 Elegant하지 않겠죠.

⑦을 수정하는 방법은 두 가지가 있습니다. ⑦-1과 같이 qualifications를 빼고 white doctors'라고 하거나 ⑦-2와 같이 those of white doctors라고 하면 됩니다.

⑦-1 Very few black doctors were allowed to serve in the Civil War, and their qualifications had to be higher than white doctors'.

남북 전쟁에서 흑인 의사들의 진료는 거의 허용되지 않았고, 그들의 자격 요건은 백인 의사들의 자격 요건보다 더 높아야만 했다.

⑦-2 Very few black doctors were allowed to serve in the Civil War, and their qualifications had to be higher than those of white doctors.

간결함과 우아함의 사이

그럼 우아함의 기준에서 둘 중에 어떤 것이 더 좋을까요? ⑦-1이 단어 수가 적어 ⑦-2보다 좀 더 간결하다고 볼 수 있겠죠. 하지만 문장을 apostrophe가 붙은 명사로 끝내는 것보다 of 전치사구로 끝내는 것이 훨씬 Elegant하기 때문에 ⑦-2가 더 좋은 문장이라고 볼 수 있습니다. ⑦-2는 교차 배열법chiasmus을 적절히 사용한 좋은 예입니다.

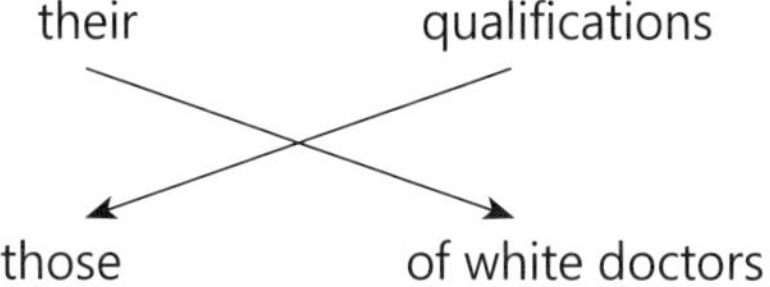

이것만은 확실히

- 우아한 문장을 만들기 위해서는 교차 배열법을 이용하여 문장 끝을 무겁게 만들어 준다.

e.g. A concise style can improve not only our own (A) thinking (B) but the understanding (B) of our readers (A).

Lesson 9 동격 명사구

Appositives

Q 아래 문장에 들어갈 수 있는 명사구는 무엇일까요?

Matthew, ________________, rarely misses his shots.

ⓐ his excellent basketball play

ⓑ an excellent basketball player

정답은 ⓑ입니다. Matthew와 ⓐ his excellent basketball play는 같은 대상을 지칭할 수 없기 때문이죠. 명사구 ⓑ는 다음과 같이 관계 대명사절이 축약된 형태라고 할 수 있습니다.

Matthew, (who is) an excellent basketball player, rarely misses his shots.
뛰어난 농구 선수인 매튜는 거의 슛을 놓치지 않는다.

동격 명사구란? 애플 사의 창업자이자 21세기 최고의 혁신 아이콘인 스티브 잡스가 2011년 10월 지병으로 세상을 떠났을 때, 미국 유명 일간지 〈New York Times〉와 〈Los Angeles Times〉는 아래 두 문장을 시작으로 각각 스티브 잡스의 사망 소식을 전달하였습니다.

> Steven P. Jobs, the visionary co-founder of Apple who helped usher in the era of personal computers and then led a cultural transformation in the way music, movies and mobile communications were experienced in the digital age, died Wednesday. He was 56.[34]

개인용 컴퓨터로의 시대를 안내하고, 디지털 시대에 음악, 영화 그리고 이동 통신을 경험할 수 있는 방식의 문화적 변화를 이끌었던, 선견지명이 있던 애플의 공동 창업자 스티브 잡스가 수요일에 사망했다. 그의 나이 56세였다.

Steven P. Jobs, the charismatic technology pioneer who co-founded Apple Inc. and transformed one industry after another, from computers and smartphones to music and movies, has died. He was 56.[35]

애플사를 공동 창업했고 컴퓨터와 스마트폰에서 음악과 영화에 이르기까지 한 산업 분야에서 다른 산업 분야로 변화를 이끈 카리스마 넘치는 기술 선구자 스티브 잡스가 죽었다. 그의 나이 56세였다.

두 일간지 모두 첫 문장을 Steven P. Jobs로 시작한 뒤 밑줄 친 긴 명사구를 사용하여 스티브 잡스가 어떤 사람이었는지를 설명하고 있습니다.

보통 주어와 동사 사이에 이렇게 긴 삽입구가 오는 것은 좋지 않습니다. 동사까지 가는 사이에 주어를 잊어버리기 때문이죠. 그럼에도 불구하고 두 일간지 모두 긴 명사구를 사용하여 스티브 잡스를 설명하였습니다. 그리고 바로 이 긴 명사구가 동격 명사구appositive라고 하는 문법 구조입니다.

동격 명사구의 특징

위 두 문장은 너무 길고 문법 구조도 복잡하니 우선 중학교 교과서에 나오는 문장으로 동격에 대해 배워 보도록 하겠습니다. 아래 네 문장의 밑줄 친 명사구가 모두 가지고 있는 공통점은 무엇일까요?[36]

① Last night, we came to Santorini, an island in the south of Greece.

어젯밤, 우리는 그리스 남쪽에 위치한 섬인 산토리니에 갔다.

② Peggy, the most popular girl in the class, often teased Wanda about her old dress.

반에서 가장 인기 있는 페기는 종종 완다의 낡은 드레스를 놀렸다.

③ When the baseball game was cancelled because of rain, people got a rain check, a kind of ticket.

비 때문에 야구 경기가 취소되었을 때, 사람들은 일종의 티켓과 같은 우천 교환권을 받았다.

④ Ms. Wilkinson, the ballet teacher, sees Billy's talent one day and asks him to take ballet class.

발레 강사인 윌킨슨은 어느 날 빌리의 재능을 보고 그에게 발레 수업을 들을 것을 권고했다.

우선 눈에 띄는 공통점은 다음 두 가지입니다.

- 삭제해도 완전한 문장이 성립된다.
- 쉼표로 시작하고 문장의 끝이 아닐 때에는 쉼표로 끝난다.

동격 명사구의 역할

그럼 이 명사구들의 역할은 무엇일까요? 삭제해도 완전한 문장이 성립되는 것을 봐서 문장을 이해하는 데 꼭 필요하지는 않지만 도움이 되는 부연 설명을 하는 것이라고 추측할 수 있겠죠. 이런 명사구를 동격 명사구appositive라고 부릅니다.

Appositive의 어원

Appositive는 라틴어로 next to라는 뜻입니다. 명사구 바로 옆에서 부연 설명을 해 주는 또 하나의 명사구라는 뜻이죠. 중요한 것은 동격 명사구와 그것이 꾸며 주는 명사는 같은 대상이어야 한다는 것입니다. 그래서 '동격'이라고 부르는 것이지요.

동격 명사구 = 줄인 관계 대명사절

Quiz에서 설명한 것처럼 동격 명사구는 관계 대명사절이 축약된 형태라고 할 수 있습니다. 그러므로 ①~④의 동격 명사구 앞에도 which is 또는 who is가 생략된 것이라고 볼 수 있죠. 동격 명사구가 문법적으로 복잡한 것 같지만, ①~④ 모두 중학교 교과서에 나오는 문장이라는 것을 보면 어렵지 않다는 것을 알 수 있습니다.

복잡한 문장 분석하기

하지만 동격 명사구의 문법적인 구조를 제대로 이해하고 있지 않으면 다음과 같은 문장은 해석이 거의 불가능해집니다.

⑤ Just before the Feb. 27 vote on the House bill, Rep. Dave Weldon's HR 534, one of its supporters, Rep. Sue Wilkins Myrick, swept all forms of cloning into a hazily defined evil—"the most ghoulish and dangerous enterprise in human history."[37]

공화당 데이브 웰든의 HR 534라는 의안에 대한 2월 27일 투표 직전에, 그것의 지지자 중 한 명인 공화당 수 윌킨스 미릭은 모든 형태의 복제를 '인간 역사에서 가장 병적이며 위험한 사업'이라는 희미하게 정의된 악으로 치부해 버렸다.

⑤와 같이 복잡한 문장을 접했을 때는 우선 동사를 찾고 그 동사의 주어를 찾는 것이 중요합니다. 다행히 ⑤에서 동사는 swept 하나밖에 없습니다. 그럼 swept의 주어는 무엇일까요? 확실한 건 Rep. Sue Wilkins Myrick은 주어가 될 수 없습니다. 주어와 동사 사이에는 쉼표를 찍을 수 없기 때문이죠.

복잡한 문장에서 동격 명사구 찾아내기

그럼 one of its supporters와 Rep. Dave Weldon's HR 534가 남게 되는데, 아래와 같이 동격 명사구 앞에 생략된 관계 대명사와 be 동사를 넣으면 주어가 one of its supporters라는 것이 확실히 이해가 됩니다.

⑤-1 Just before the Feb. 27 vote on the House bill, (which is) Rep. Dave Weldon's HR 534, one of its supporters, (who is) Rep. Sue Wilkins Myrick, swept all forms of cloning into a hazily defined evil—"the most ghoulish and dangerous enterprise in human history."

전문 용어를 설명하는 동격 명사구

동격 명사구는 앞에 오는 명사를 설명하기 때문에 ⑥과 같이 보통 사람들이 잘 알지 못하는 전문 용어를 설명하는 데에 자주 쓰기도 합니다.

⑥ Students who are accepted into the elite colleges because of their athletic prowess arrive on campus with lower SAT scores than walk-ons, players who were not recruited.
엘리트 대학에 합격한 학생들은 그들의 운동 능력 덕분에 선발되지 않은 선수들(walk-ons)보다 더 낮은 SAT 점수를 가지고 캠퍼스에 들어온다.

⑥에서의 walk-ons라는 용어는 보통 대화에 쓰이는 단어가 아니기 때문에 독자들의 이해를 돕기 위해 밑줄 친 동격 명사구로 용어의 뜻을 설명하고 있습니다. 특히 여기에서는 player 뒤에도 who로 시작되는 관계절이 있기 때문에 walks-ons, who are players who were not recruited이라고 쓰면 문장이 아주 어색해집니다.

외래어를 설명하는 동격 명사구

동격 명사구는 또 ⑦과 같이 외래어 단어를 설명하는 데 사용됩니다.

⑦ *Curanderismo*, the art of folk healing, is practiced in Mexico, Central America, and South America.[38]
민간요법인 Curanderismo는 멕시코, 중앙아메리카, 그리고 남아메리카에서 행해진다.

Curanderismo라는 스페인 어 단어를 동격 명사구를 사용하여 '민간요법'이라고 설명해 주고 있습니다.

or과 함께 쓰이는 동격 명사구

그리고 동격 명사구는 ⑧에서와 같이 or과 함께 쓰일 수도 있습니다. 여기서 꼭 기억해 두어야 할 것은 동격 명사구와 함께 쓰인 or 앞에는 쉼표가 사용된다는 것입니다. 만약 쉼표가 없다면 or 뒤에 나오는 것은 I want A or B와 같이 동격 명사구가 아닌 선택을 요구하는 다른 명사구가 됩니다.

⑧ The Pax Romana, or Roman Peace, is a Latin term referring to the Empire in its glorified prime.[39]
로마의 평화라는 의미를 지닌 Pax Romana는 로마의 미화된 전성기 제국을 일컫는 라틴 용어이다.

명사 앞에 위치하는 동격 명사구

①~⑧까지는 동격 명사구가 설명해 주는 명사구의 뒤에 나왔지만 동격 명사구는 ⑨, ⑩과 같이 설명해 주는 명사구의 앞에 나올 수도 있습니다. 여기서 중요한 것은 주어 뒤에는 절대 쉼표를 찍지 않는다는 것입니다.

⑨ An excellent basketball player, Matthew rarely misses his shots.

⑩ The most popular girl in the class, Peggy often teased Wanda about her old dress.

이것만은 확실히

• 동격 명사구는 전문 용어나 외래어 등 부연 설명이 필요한 명사나 명사구 앞뒤에 위치하여 해당 명사(구)를 설명한다.

e.g. The Pax Romana, or Roman Peace, is a Latin term referring to the Empire in its glorified prime.

• 동격 명사구는 관계사절이 축약된 형태이며, 이때 동격 명사구와 설명의 대상인 명사(구)는 같은 대상을 지칭해야 한다.

e.g. Matthew, (who is) an excellent basketball player, rarely misses his shots.

분사구문

Participial Phrases

Q 아래 두 문장의 밑줄 친 분사구문을 Because로 시작하는 부사절로 바꿔 보세요.

ⓐ Living in the countryside, I was extremely healthy.
시골에 살았기 때문에 나는 매우 건강했다.

ⓑ Having lived in the countryside, I am extremely healthy.
시골에 살았기 때문에 나는 매우 건강하다.

정답은 ⓐ와 ⓑ 모두 Because I lived in the countryside입니다.
어떻게 Living과 Having lived가 똑같이 lived가 되냐고요? 이유는 주절의 동사 시제가 다르기 때문입니다. 자세한 설명은 본문에서 하도록 하겠습니다.

단순 분사 vs. 완료 분사

문두에 위치한 분사구문은 문어체의 가장 큰 특징 중 하나입니다. 일상대화에서는 거의 사용되지 않기 때문이죠. 그래서 문어체다운 보기로 분사구문을 설명해야 하지만 우선은 쉬운 문장으로 분사구문이 어떻게 만들어지는지 알아보겠습니다.

① Living in the countryside, I am extremely healthy.
시골에 살기 때문에 나는 매우 건강하다.

② Living in the countryside, I was extremely healthy.
시골에 살기 때문에 나는 매우 건강했다.

③ Having lived in the countryside, I am extremely healthy.
시골에 살았기 때문에 나는 매우 건강하다.

④ Having lived in the countryside, I was extremely healthy.
시골에 살았었기 때문에 나는 매우 건강했다.

①과 ②의 단 한 가지 차이점은 동사의 시제입니다. ③과 ④도 마찬가지이죠. 반면에 ①과 ③의 차이는 문장 처음에 나오는 분사입니다. ①은 '단순 분사'인 Living으로 시작하고 ③은 '완료 분사'인 Having lived로 시작을 하죠. 마찬가지로 ②와 ④의 단 한 가지 차이점도 문장 처음에 나오는 분사입니다.

분사구문을 부사절로 되돌리기

그런데 위의 분사구문들을 부사절로 되돌려 놓으면 정말 신기한 일이 벌어집니다.

①–1 Because I live in the countryside, I am extremely healthy.

②–1 Because I lived in the countryside, I was extremely healthy.

③–1 Because I lived in the countryside, I am extremely healthy.

④–1 Because I had lived in the countryside, I was extremely healthy.

똑같은 분사구문이었던 ①과 ②는 부사절로 되돌려 놓으니 동사의 시제가 달라지고 정작 다른 분사구문이었던 ②와 ③은 똑같은 시제가 되어 버렸습니다. 왜 이런 일이 벌어질까요? 단순 분사는 동사로 바뀔 때 주절의 동사 시제와 같아지지만, 완료 분사는 주절의 동사 시제보다 하나 더 과거 시제로 변하기 때문입니다.

분사구문을 부사절로 바꿀 때의 동사 시제

Living이 ①–1에서는 am과 같은 시제인 live가 되고, ②–1에서는 was와 같은 시제인 lived가 된 것이죠. 그리고 Having lived가 ③–1에서는 am보다 하나 더 과거 시제인 lived로 되고, ④–1에서는 was보다 하나 더 과거 시제인 had lived로 된 것입니다.

부사절로 바꿀 때 현재 완료가 불가능한 경우

많은 학생들이 ③의 Having lived를 lived가 아닌 have lived로 바꾸는데 이것도 틀리지는 않습니다. 하지만 만약 ⑤에서와 같이 in 2005 같은 특정한 시간을 나타내는 전치사구가 더해진다면, 꼭 lived를 써야 합니다. 현재 완료는 yesterday, last month, 10 years ago, in 2005 등과 같이 정확한 과거의 시점을 나타내는 단어나 구와는 같이 쓰일 수 없기 때문이죠.

⑤ Having lived in the countryside in 2005, I am extremely healthy.
2005년에 시골에서 살았기 때문에 나는 매우 건강하다.

⑤-1 Because I lived in the countryside in 2005, I am extremely healthy.

주절의 동사가 과거 완료일 때의 완료분사구문 시제

그럼 주절의 동사 시제가 과거 완료일 때는 어떻게 할까요? 과거 완료보다 더 과거인 시제는 없으니까 완료분사구문은 사용할 수 없는 걸까요? 물론 주절의 동사 시제가 과거 완료일지라도 ⑥번에서와 같이 완료 분사를 사용할 수 있습니다. 과거 완료보다 더 과거인 것을 나타내는 문법적인 시제는 없지만 대과거 안에서도 시간의 순서는 존재하기 때문이죠.

⑥ By then, having mastered digital technology and capitalized on his intuitive marketing sense, Mr. Jobs had largely come to define the personal computer industry and an array of digital consumer and entertainment businesses centered on the Internet.[40]
그때까지 디지털 기술을 완전히 익히고 자신의 직관적인 마케팅 감각을 자본화한 잡스는 개인 컴퓨터 산업을 정의하고 인터넷상에서 중심이 되는 다수의 소비자와 엔터테인먼트 사업도 정의하게 되었다.

분사구문으로 시작하는 문장 바로잡기

단순 분사와 완료 분사의 차이점이 이해가 되었으면 다음 문장을 문법에 맞게 고쳐 보세요.

⑦ *Raining yesterday, the ground is still wet today.

혹시 아래와 같이 고쳤다면 위에서 배운 단순 분사와 완료 분사의 차이점은 확실히 깨달은 겁니다.

⑦–1 *Having rained yesterday, the ground is still wet today.

그런데 아직도 문법적으로 맞는 문장은 아닙니다. 분사구문으로 시작하는 문장에서 가장 먼저 확인해야 하는 것은 주절의 주어가 분사의 주어가 될 수 있는지 입니다. 앞의 ①~⑤은 I가 living과 Having lived의 주어가 될 수 있기 때문에 문제가 없었던 것이죠.

수동태 완료 분사 만들기

하지만 ⑦은 다릅니다. 비는 땅 위에 오는 것이므로 수동태 The ground was rained on은 말이 돼도 The ground rained는 말이 되지 않습니다. 그렇다면 ⑦의 Raining yesterday를 수동태로 고쳐 아래와 같이 수정할 수 있겠죠.

⑦–2 Having been rained on yesterday, the ground is still wet today.
= Because the ground was rained on yesterday, the ground is still wet today.
어제 비가 내렸기 때문에 오늘도 아직 땅이 젖어 있다.

수동태 완료 분사에서 Having been의 생략

③, ④와 같은 능동태 완료 분사에서는 Having을 생략할 수 없지만, ⑦–2와 같은 수동태 완료 분사에서는 Having을 been과 함께 생략할 수 있습니다. 과거분사는 이미 완료된 상태를 나타내기 때문이죠.

⑦–3 Rained on yesterday, the ground is still wet today.

독립분사구문 만들기

복잡한 수동태가 아닌 좀 더 쉽게 고칠 수 있는 방법도 있습니다. ⑦-1의 Having rained yesterday 앞에 rain의 주어를 붙여 독립분사구문으로 만들면 됩니다. rain이 동사로 쓰였을 때는 It이 주어로 사용되므로 아래와 같이 수정하면 되겠죠.

⑦-4 It having rained yesterday, the ground is still wet today.

독립분사구문은 대화문에서 사용되지 않는다

⑦-4는 문법적으로는 전혀 손색이 없는 문장이지만 이렇게 말할 때 알아듣는 원어민은 한 명도 없습니다. 보통 대화에서는 문두에 분사구문도 사용하지 않는데 It having rained yesterday와 같은 독립분사구문을 사용할 리 만무하죠. 하지만 수필이나 소설에서는 다음과 같은 독립분사구문이 종종 등장합니다.

⑧ Heat suddenly rising to her throat, she had felt angry, then desolate and betrayed.[41]

갑자기 열이 목구멍까지 올라오면서 그녀는 분노와 쓸쓸함과 배신감을 느꼈다.

소설 속의 독립분사구문

⑨는 소설 〈해리포터와 죽음의 성물〉의 첫 문장입니다. 아직 서로의 정체를 파악하지 못한 두 마법사가 서로에게 마법 지팡이를 겨누고 있는 급박한 상황을 독립분사구문으로 간결하게 묘사하고 있습니다.

⑨ The two men appeared out of nowhere, a few yards apart in the narrow, moonlit lane. For a second they stood quite still, wands directed at each other's chest; then, recognizing each other, they stowed their wands beneath their cloaks and started walking briskly in the same direction.[42]

두 남자가 좁고 달빛이 비추는 길에 몇 야드 떨어져서 갑자기 나타났다. 순간 그들은 지팡이를 서로의 가슴에 겨눈 채로 가만히 서 있었다. 그 후, 서로의 정체를 알아챈 그들은 망토 속으로 지팡이를 넣고 같은 방향으로 빠르게 걷기 시작했다.

동격 명사구와 분사구문의 복습

마지막으로 동격 명사구와 분사구문을 복습 · 정리하는 의미로 Part 1 도입부에서 쉼표의 중요성을 환기시키기 위해 사용했던 문장을 다시 한번 분석해 보도록 하겠습니다.

⑩ Opening in limited release, *Confessions of a Dangerous Mind*, the Charlie Kaufman-penned movie about the game-show creator and host Chuck Barris, is generating the same sort of controversy among critics that Barris's *The Gong Show* touched off a quarter-century ago.

⑩은 사실 아래의 세 문장이 합쳐져 있는 문장입니다.

⑩-1 *Confessions of a Dangerous Mind* opens in limited release.
〈위험한 마음의 고백〉이 제한적으로 개봉된다.

⑩-2 *Confessions of a Dangerous Mind* is the Charlie Kaufman-penned movie about the game-show creator and host Chuck Barris.
〈위험한 마음의 고백〉은 게임 쇼의 창시자이자 호스트인 척 배리스에 대하여 찰리 카우프만이 각본을 쓴 영화이다.

⑩-3 *Confessions of a Dangerous Mind* is generating the same sort of controversy among critics that Barris's *The Gong Show* touched off a quarter-century ago.
〈위험한 마음의 고백〉은 비평가들 사이에서 배리스의 〈징쇼〉가 25년 전에 촉발시켰던 것과 비슷한 종류의 논쟁을 일으키고 있다.

⑩-1을 주절인 ⑩-3과 합치면 아래와 같은 문장이 됩니다.

⑩-4 *Confessions of a Dangerous Mind*, which opens in limited release, is generating the same sort of controversy among critics that Barris's *The Gong Show* touched off a quarter-century ago.

그런데 ⑩-2를 주절인 ⑩-3과 합쳐도 같은 문장 구조가 됩니다.

⑩-5 *Confessions of a Dangerous Mind*, which is the Charlie Kaufman-penned movie about the game-show creator and host Chuck Barris, is generating the same sort of controversy among critics that Barris's *The Gong Show* touched off a quarter-century ago.

⑩은 ⑩-4와 ⑩-5를 합치기 위해 which opens in limited release를 분사구문인 opening in limited release로 고치고 주어 앞으로 보낸 뒤, which is the Charlie Kaufman-penned movie about the game-show creator and host Chuck Barris에서는 which is를 생략하여 동격 명사구로 만든 것입니다.

동격 명사구와 분사구문의 적절한 이용의 중요성

이렇게 분사구문과 동격을 잘 이용하면 문장의 다양성을 가미할 수 있습니다. 하지만 간단한 단문이 계속 나오는 작문이 지루하고 Elegant하지 않은 것처럼, ⑩과 같이 세 개의 단문이 합쳐진 긴 문장이 계속 나오는 것도 독자를 지치게 한다는 것을 꼭 기억해 두어야 합니다.

이것만은 확실히

- 문두에 위치한 분사구문은 일상대화에서는 사용되지 않는 문어체의 가장 큰 특징 중의 하나이다.

  e.g. Having mastered digital technology, Mr. Jobs had largely come to define the personal computer industry.

- 단순 분사는 동사로 바뀔 때 주절의 동사 시제와 똑같이 되고, 완료 분사는 주절의 동사 시제보다 하나 더 과거 시제로 변한다.

  e.g. Having lived in the countryside in 2005, I am extremely healthy.
  → Because I lived in the countryside in 2005, I am extremely healthy.

- 독립분사구문도 일상대화에서는 사용되지 않고 수필이나 소설에서 종종 등장하는 문법 구조이다.

  e.g. Heat suddenly rising to her throat, she felt angry, desolate, and betrayed.

현수 수식어(현수분사)

Dangling Modifiers

Q 아래 두 비문의 공통점은 무엇일까요?

ⓐ *Having worked for hours, the garden looked beautiful.
몇 시간 동안 일한 후, 정원이 아름답게 보였다.

ⓑ *Enclosed in a waterproof can, the hikers kept the matches safe.
방수 캔에 밀봉되어 있어서, 등산객들은 성냥을 안전하게 보관하였다.

ⓐ와 ⓑ의 공통점은 문두의 분사구문이 주어를 꾸며주지 못한다는 것입니다. '정원이 일을 할 수' 없고 '등산객들이 방수 캔에 갇혀 있을 수' 없기 때문이죠.

원어민도 실수하는 분사구문

분사구문은 영어를 외국어로 배우는 학습자들뿐 아니라 원어민에게도 어렵습니다. 원어민은 native speaker이지 native writer가 아니기 때문에 일상 대화에 쓰이지 않는 분사구문을 어려워하는 것은 당연한 일입니다. 그래서 원어민들도 ①과 같은 오류를 많이 범합니다.

① *Having rained yesterday, the ground is still wet.

Dangling modifier란?

이런 분사구문의 오류를 Dangling modifier 또는 Dangling participle이라고 합니다. 원어민들도 이런 오류를 너무 자주 범해서 Dangling modifier를 The bane of many a high school

English teacher's existence(수많은 고등학교 영어 선생님 존재의 골칫거리)라고 하기도 합니다.[43]

dangle은 '달랑달랑 매달리다'라는 뜻입니다. 문두에 오는 분사구문은 주절의 주어를 꾸며 줘야 하는데, 그렇지 못하고 달랑달랑 매달려 있는 분사라는 뜻이죠.

①의 Having rained는 the ground를 꾸며 주지 못하므로(the ground가 having rained의 주어가 될 수 없으므로) 〈Lesson 10〉에서 배운 것과 같이 독립분사구문으로 수정을 하든지 아니면 아래와 같이 수동태로 수정을 해야겠죠.

①–1 Rained on yesterday, the ground is still wet.
어제 비가 내렸기 때문에 오늘도 아직 땅이 젖어 있다.

그렇다면 ②는 어떻게 수정을 하면 될까요?

② *After working for hours, the garden looked beautiful.[44]
= *Having worked for hours, the garden looked beautiful.

정원은 일을 할 수 없으므로 the garden을 having worked의 주어가 될 수 있는 단어로 수정하면 됩니다.

②–1 After working for hours, Jane made her garden look beautiful.
= Having worked for hours, Jane made her garden look beautiful.
몇 시간의 작업 후에 제인은 자신의 정원을 아름답게 만들었다.

이처럼 Dangling modifier를 수정하는 가장 쉬운 방법은 주어를 바꾸는 것입니다.

분사구문으로 시작하는 문장의 두 가지 확인 사항

여기서 〈Lesson 10〉에서 배운 분사구문으로 시작하는 문장에 대한 두 가지의 확인 사항을 다시 한번 정리해 보도록 하겠습니다.

엄밀히 말하면 분사는 시제가 없으므로 주절과 분사가 각각 나타내는 내용의 순서를 비교하는 것이지만, 편의를 위해 '분사의 시제'라는 용어를 썼습니다.

- 주절의 주어가 분사의 주어도 될 수 있는지 확인한다.
- 주절의 동사와 분사의 시제가 같은지 아니면 분사가 주절의 동사의 시제보다 빠른지를 확인한다.

현재 분사와 주절의 주어 일치

그럼 ③과 ④는 어떻게 수정을 하면 될까요?

③ *Not knowing what to do, the gravity of the situation was weighed (by John).[45]

④ *Sniffing under the hedge, Sam spotted an opossum cleaning the yard.[46]

③에서는 the gravity가 knowing의 주어가 될 수 없으므로 John을 주어로 사용하여 문장을 수정하면 되겠죠.

③–1 Not knowing what to do, John weighed the gravity of the situation.
무엇을 해야 할지 알지 못한 채 존은 상황의 심각성을 따져 보았다.

④는 어떻게 보면 문법적으로는 맞는 문장이라고도 할 수 있습니다. 단지 Sam은 울타리를 킁킁거리며 냄새를 맡고 있고 opossum(주머니쥐)은 마당을 청소하고 있는 우스운 광경을 묘사하는 문장이 될 뿐이죠. 그래서 이 문장은 주어를 바꾸기보다는 문두와 문미에 있는 분사구문의 위치를 바꾸면 문법적으로도 맞고 의미상으로도 적절한 문장이 됩니다.

opossum은 미국의 주머니쥐라는 동물인데, 몸집도 엄청 크고 꼬리도 아주 긴 동물입니다.

④–1 Cleaning the yard, Sam spotted an opossum sniffing under the hedge.
마당을 청소하던 샘은 울타리 밑에서 킁킁거리며 냄새를 맡고 있는 주머니쥐를 발견했다.

현재 분사와 주절의 주어 일치 + 분사의 시제

③과 ④가 완전히 이해가 되었으면 이번에는 주절의 동사와 분사의 시제까지 비교해야 하는 문장을 보겠습니다.

⑤ *Spending four hours on the operating table, a tumor as large as a golf ball was removed from the patient's stomach.[47]

우선 ⑤도 ③, ④와 같이 주절의 주어가 분사의 주어가 될 수 있는지를 확인해야 하겠죠. tumor(종양)가 수술대 위에서 네 시간을 보내는 것은 말이 안 되므로 주어는 ⑤–1과 같이 바꿔 줘야 합니다.

⑤–1 *Spending four hours on the operating table, the patient had a tumor as large as a golf ball removed from his stomach.

하지만 주어를 바꿨다고 문제가 다 해결되지는 않습니다. 시제를 알맞게 바꾸어야 합니다. 종양을 제거하는 것은 수술대에서 네 시간을 보낸 후에 일어나는 일이므로 Spending을 ⑤–2와 같이 완료 분사로 바꿔야겠죠.

⑤–2 Having spent four hours on the operating table, the patient had a tumor as large as a golf ball removed from his stomach.
환자가 수술대 위에서 네 시간을 보낸 후에야 그의 위로부터 골프공만한 크기의 종양이 제거되었다.

그럼 주어를 환자가 아니고 의사로 하면 어떻게 될까요? 의사가 수술대 '위'에서 시간을 보내는 것은 아니므로 전치사 on을 at으로 고쳐야 합니다.

⑤-3 Having spent four hours at the operating table, the doctor removed a tumor as large as a golf ball from the patient's stomach.

수술대에서 네 시간을 보낸 후에야 의사는 환자의 위로부터 골프공만한 크기의 종양을 제거했다.

과거 분사와 주절의 주어 일치

⑥과 ⑦은 ③~⑤와는 달리 과거 분사로 시작합니다.

⑥ *Frustrated by overly complicated questions, the test was infuriating.[48]

⑦ *Enclosed in a waterproof can, the hikers kept the matches safe.[49]

현재 분사로 시작하는 분사구문과 달리 과거 분사로 시작하는 분사구문은 주절의 주어를 사용하여 수동태 문장으로 만들어야 합니다. The test was frustrated by overly complicated questions.라는 말은 성립이 되지 않으므로 ⑥은 아래와 같이 수정을 해야 합니다.

⑥-1 Frustrated by overly complicated questions, the students found the test infuriating.

지나치게 복잡한 질문에 답답해 했던 학생들은 시험이 정말 짜증난다고 생각했다.

⑦도 등산객이 방수 캔에 들어가 있을 수는 없으므로 아래와 같이 수정을 해야 합니다.

⑦-1 Enclosed in a waterproof can, the matches were kept safe (by the hikers).

방수 캔에 밀봉된 성냥들은 (등산객들에 의해) 안전하게 보관되었다.

과거 분사와 주절의 주어 일치 + 분사의 시제

⑥, ⑦도 이해가 되었으면 이제 가장 복잡한 문장을 고쳐 보도록 하겠습니다.

⑧ *Hoisted up to the fifth floor with a heavy rope, the movers brought the piano in through the window.[50]

⑧이 비문인 첫 번째 이유는 The movers were hoisted up.이라는 말이 성립이 되지 않기 때문입니다. 피아노가 5층까지 들려진(hoisted) 것이지 이삿짐 나르는 사람들이 들려진 것은 아니겠지요. 그럼 수정된 아래 네 문장 중에 문법에 맞지 않은 문장은 어떤 것일까요?

⑧-1 Hoisted up to the fifth floor with a heavy rope, the piano was brought in through the window (by the movers).

⑧-2 Having been hoisted up to the fifth floor with a heavy rope, the piano was brought in through the window (by the movers).

두꺼운 밧줄로 5층으로 들려진 그 피아노는 창문을 통해 안으로 운반됐다.

⑧-1과 ⑧-2에서의 분사는 과거 분사로 놔두고 주어를 the piano로 바꿨습니다. 과거 분사구문에서는 Having been을 써도 되고 쓰지 않아도 되므로 ⑧-1과 ⑧-2는 모두 맞는 문장입니다.

⑧-3 *Hoisting it up to the fifth floor with a heavy rope, the movers brought the piano in through the window.

⑧-4 Having hoisted it up to the fifth floor with a heavy rope, the movers brought the piano in through the window.

두꺼운 밧줄로 피아노를 5층으로 올린 후 운반자들은 창문을 통해 그것을 안으로 옮겼다.

⑧-3과 ⑧-4에서는 주어는 수정하지 않고 과거 분사를 현재 분사로 바꾸었습니다. 피아노를 5층까지 먼저 들어 올린 후 창문을 통해 안으로 들여와야 하므로 ⑧-3에서와 같이 단순 분사를 사용하는 것은 비문이고 ⑧-4와 같이 완료 분사를 사용하여 Having hoisted it up으로 수정해야 합니다.

명령문과 함께 쓰인 Dangling modifier

마지막으로 명령문과 함께 쓰인 Dangling modifier의 예문을 공부해 보도록 하겠습니다. 언뜻 보면 전혀 문제가 없어 보이는 ⑨와 같은 예문은 명령문의 주어 생략 법칙에 따라 flashing의 주어도 you라고 생각하면 비문이 됩니다.

⑨ *When flashing, do not speed through a yellow light.[51]

⑨의 뜻은 '노란불이 깜빡일 때는 속도를 내서 빨리 지나가지 마라.'라는 뜻이므로 ⑨-1과 같이 수정을 해야 합니다.

⑨-1 Do not speed through a yellow light when it is flashing.
노란불이 깜빡일 때는 속도를 내서 빨리 지나가지 마라.

문장을 좀 더 간결하게 하려면 ⑨-2와 같이 하면 되겠죠.

⑨-2 Do not speed through a flashing yellow light.
깜빡이는 노란불에서 속도를 내지 마라.

물론 사람도 flash를 할 수 있기 때문에 문법적으로는 ⑨도 비문은 아니라고 할 수 있습니다. 이런 사람을 우리말로는 '바바리맨'이라고 하죠. 사소한 문법 오류로 인해 본의 아니게 멀쩡한 사람을 이상하게 만들 수도 있으니 ⑨와 같은 말은 절대 하면 안 됩니다.

이것만은 확실히

• 문두에 오는 분사구문은 주절의 주어를 꾸며 줘야 하는데, 그렇지 못하고 달랑달랑 매달려 있는 분사를 Dangling modifier라고 한다. Dangling modifier는 주절의 주어를 바꾸거나 분사의 시제를 수정함으로써 바로잡을 수 있다.

e.g. *Hoisted up to the fifth floor with a heavy rope, the movers brought the piano in through the window.
= Hoisted up to the fifth floor with a heavy rope, the piano was brought in through the window (by the movers).
= Having hoisted it up to the fifth floor with a heavy rope, the movers brought the piano in through the window.

공백화
Gapping

Q 아래 문장은 어떻게 하면 좀 더 간결하게 할 수 있을까요?

The wind was brisk, the sun was bright, and the ocean was calm.
바람은 상쾌했고, 태양은 밝았으며 바다는 고요했다.

간단하게 반복되는 동사 was를 생략하면 됩니다.

The wind was brisk, the sun bright, and the ocean calm.

이렇게 동사구 전체를 생략하지 않고 보어나 목적어를 남긴 채 동사만 생략하는 것을 Gapping이라고 합니다.

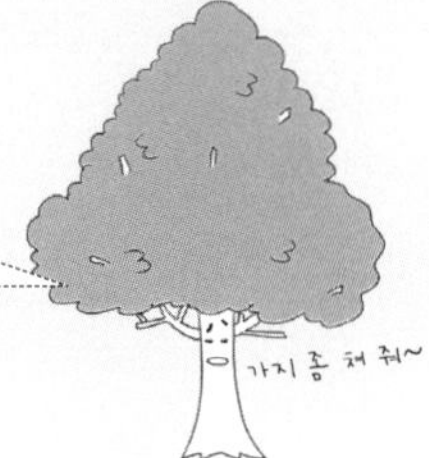

이번 Lesson에서는 문장을 간결하게 만드는 마지막 문법 구조로서 사용 빈도가 높지는 않지만 아주 유용한 Gapping에 대해 알아보겠습니다. 다음 두 문장은 어떻게 하면 좀 더 간결하게 할 수 있을까요?

① I will buy a scooter, and my brother will buy one too.
나는 스쿠터를 살 것이고 내 동생도 하나 살 것이다.

② I will buy a scooter, and my brother will buy a motorcycle.
나는 스쿠터를 살 것이고 내 동생은 오토바이를 살 것이다.

동사와 목적어가 같은 경우의 생략

①은 아주 쉽죠. 두 사람이 똑같은 물건을 살 때는 동사와 목적어를 생략하면 됩니다.

①–1 I will buy a scooter, and my brother will too.

동사는 같고 목적어가 다른 경우의 생략

그런데 ②가 좀 어렵습니다. 똑같은 동사가 반복되기는 하는데 사는 물건이 달라서 ①–1과 같이 and my brother will too라고 할 수가 없습니다. 그렇다고 동사만 생략하려니 그런 문장은 들어본 적이 없는 것 같아 불안하죠. 하지만 정말로 동사만 생략을 해도 됩니다. 그것도 조동사 will까지 함께 말이죠.

②–1 I will buy a scooter and my brother a motorcycle.

Gapping이란?

②–1과 같이 동사는 같고 목적어가 다른 경우에 동사만 생략하는 것을 Gapping이라고 합니다. 그런데 Gapping도 문두의 분사구문처럼 일상 대화체에서는 사용되지 않습니다. 그래서 ②–1이 어색하다고 느껴지는 것이죠. ①–1과 ②–1의 또 다른 차이점은 쉼표의 사용 여부입니다. ①–1에는 and 앞에 쉼표가 있지만 ②–1에는 쉼표가 사용되지 않았습니다. 동사를 모두 생략했으므로 and 뒤에 나오는 것은 완전한 문장이 아니기 때문이죠.

Gapping의 다른 형태

그럼 Gapping의 복잡한 실례를 보기 전에 우선 쉬운 예문을 몇 개 더 공부해 보도록 하겠습니다. ③, ④, ⑤에 모두 Gapping이 사용되었는데, 조금씩 다른 형태를 띠고 있습니다.[52] ③에서는 타동사가 생략되어 목적어가 남았습니다.

③ John trimmed the tree and Mary the hedge.
존은 나무를 손질했고 매리는 울타리를 손질했다.

④는 자동사가 생략되어 뒤에 전치사구만 남은 경우이죠.

④ My uncle works in L.A. and my aunt in Boston.
내 삼촌은 L.A.에서 일하고 내 고모는 보스턴에서 일한다.

⑤에서는 be동사가 생략되어 보어인 형용사가 남았습니다.

⑤ The wind was brisk, the sun bright, and the ocean calm.
바람은 상쾌했고, 태양은 밝았으며 바다는 고요했다.

③, ④와 달리 ⑤에만 쉼표가 사용된 이유는 and가 세 가지 이상을 연결하기 때문입니다.

Gapping을 사용할 수 있는 조건

여기에서 꼭 기억해야 할 것은 Gapping을 사용하려면 두 문장이 항상 등위 접속사로 연결되어 있는 대등한 관계여야 한다는 것입니다.

⑥ If I buy a scooter, (then) my brother will too.
만약 내가 스쿠터를 산다면 내 동생도 살 것이다.

⑦ *If I buy a scooter, (then) my brother a motorcycle.

⑥은 '만약 내가 스쿠터를 사면 내 동생도 스쿠터를 살 것이다.'라는 의미로 문법적으로 맞는 문장입니다. 하지만 ⑦이 비문인 이유는 If I buy a scooter이 Gapping이 사용된 구문 my brother a motorcycle의 종속절이기 때문입니다.

등위 접속사 대신 쉼표

사실 Gapping을 사용할 때 꼭 등위 접속사가 필요한 것은 아닙니다. ⑧과 같이 and를 생략하고 그 자리에 쉼표를 사용하는 경우도 종종 찾아볼 수 있죠.

⑧ Of the two great proponents of utilitarianism, Mill was the more humane philosopher, Bentham the more consistent one.[53]

공리주의의 위대한 두 명의 지지자 중 밀은 더 인간적인 철학자였고, 벤담은 더 일관성 있는 철학자였다.

긴 문장에서 Gapping 찾기

그럼 마지막으로 아래 두 문장에서 각각 Gapping이 사용된 곳에 밑줄을 쳐 보시기 바랍니다.

⑨ In the case of the verb compound, the noun element receives strong stress and the verb element light stress: "Did you VIdeoTAPE that program for me?" In the prefix + verb combinations, it is the verb that receives strong stress and the prefix light stress or no stress: "Can you REHEAT those leftovers for me?"[54]

복합동사의 경우, "너는 나를 위해 그 프로그램을 녹화했니(VIdeoTAPE)?"라는 문장에서처럼 명사적 요소는 강한 강세를 받고 동사적 요소는 약한 강세를 받는다. 접두사와 동사가 결합된 경우에, "나를 위해 남은 음식을 데워줄 수 있니(REHEAT)?"에서와 같이 강한 강세를 받는 것은 동사이고 약한 강세를 받거나 강세를 받지 않는 것은 접두사이다.

간단한 문장에서는 쉽게 느껴졌지만 막상 복잡한 문장에서 Gapping이 사용된 곳을 찾으려니 쉬운 일이 아니죠? 답은 and the verb element light stress와 and the prefix light stress or no stress입니다. Gapping이 주로 and와 함께 쓰인다는 것을 기억하고 있으면 쉽게 찾을 수 있죠.

⑨-1 The noun element receives strong stress and the verb element (receives) light stress.

명사적 요소는 강한 강세를, 동사적 요소는 약한 강세를 받는다.

⑨-2 It is the verb that receives strong stress and the prefix (that receives) light stress or no stress.

강한 강세를 받는 것은 동사이고 약한 강세를 받거나 강세를 받지 않는 것은 접두사이다.

Gapping의 중요성

Gapping을 배우지 않고 ⑨-1과 같은 문장을 해석하기는 쉬운 일이 아닙니다. 가뜩이나 전문 용어가 많이 있어 자칫 잘못하면 the verb element light stress가 하나의 전문 용어라고 착각할 수도 있기 때문이죠. ⑨-2에서는 한술 더 떠 동사 receives와 함께 It … that 강조용법의 that도 생략되었습니다.

언뜻 보면 정말 간단한 듯한 Gapping도 제대로 알지 못하면 ⑨와 같은 문장들을 아예 이해할 수 없게 됩니다. "간단한 것이 복잡한 것보다 더 어려울 수 있다."라는 Steve Jobs의 말이 생각나는 대목입니다.

"Simple can be harder than complex: You have to work hard to get your thinking clean to make it simple." – Steve Jobs

단순한 것이 복잡한 것보다 더 어려울 수 있다. 단순화하기 위해 열심히 사고를 정리해야 한다.

이것만은 확실히

- 등위 접속사로 연결되어 있는 문장에서 동사는 같지만 목적어가 다른 경우에는 두 번째 문장의 동사(와 조동사)를 생략한다.

e.g. I will buy a scooter, and my brother will buy a motorcycle.
= I will buy a scooter and my brother a motorcycle.

1. 다음 문장을 문법에 맞게 수정하세요.

Factors that influence a leader's foreign policy objectives include when he comes to power, what world position his country occupies, and communicating with other world leaders.[55]

2. 다음 글을 읽고 적절한 곳에 and를 넣은 후 두 개의 쉼표를 세미콜론으로 바꾸세요.

There flourishes today a widespread tendency to place an artistic or cultural phenomenon not in its historical context, to view it not in light of its origins or the elements that shaped it, not in relation to its pertinence to and effect upon the present day, not in relation to its inherent possibilities for illuminating the future, but, instead, to view it exclusively for its own sake, in and of itself, only in relation to that fixed moment when it appeared.[56]

3. 다음 문장의 밑줄 친 부분을 문법에 맞게 수정하세요.

Historians of science ask, for example, not about the relation of Galileo's views to <u>modern science</u>, but rather about the relationship between his views and <u>his group</u>, i.e., his teachers, contemporaires, and immediate successors in the sciences.

4. 다음 글을 읽고 문제에 답하세요.

Herbert Simon, the winner of the 1978 Nobel Prize in economics, was arguably the last Renaissance man on earth. He started out as a political scientist and moved on to the study of public administration, written the classic book in the field, *Administrative Behaviour*. Throwing in a couple of papers in physics along the way, he moved into the study of organizational behavior, business administration, economics, cognitive psychology, and artificial intelligence (AI).

a. 동격 명사구를 모두 찾아 밑줄을 치세요.
b. 분사구문을 모두 찾아 괄호로 묶으세요.
c. 틀린 분사구문을 문법에 맞게 수정하세요.

5. 다음 세 문장을 동격 명사구와 분사구문을 포함한 한 문장으로 수정하세요.

Cohousing originated in Denmark. It is a housing model based on the traditional village. It balances the privacy of single-family dwellings with close community interaction.

6. 다음 두 문장을 독립분사구문을 사용하여 문법에 맞게 수정하세요.

a. Harry strolled downstairs, his hands were deep in his jeans pockets.
b. They decided to wait for dawn, each hiker took his two-hour turn at watch.

7. 다음 두 문장을 문법에 맞게 수정하세요.

a. Lying in bed this morning, the alarm went off at 6 a.m.
b. Torn and bent beyond recognition, I received my mother's letter.[57]

8. 다음 세 문장 중 Gapping이 사용된 곳을 찾아 생략된 동사를 넣으세요.

For Kant, however, this is the wrong question to ask. What matters is not how you would feel under these circumstances, but what it means to treat persons as rational beings, worthy of respect. Here is a case where compassion might point one way and Kantian respect another.[58]

Answers

Exercise 2

1. Factors that influence a leader's foreign policy objectives include when he comes to power, what world position his country occupies, and how he communicates with other world leaders.

지도자의 대외정책 목표에 영향을 미치는 요인들은 그가 언제 권력을 잡는지, 그의 국가가 차지하는 세계적 위치는 무엇인지, 그리고 어떻게 그가 다른 세계 지도자들과 의사소통 하는지를 포함한다.

2. There flourishes today a widespread tendency ① to place an artistic or cultural phenomenon not in its historical context; ② to view it ⓐ not in light of its origins or the elements that shaped it, ⓑ not in relation to its pertinence to and effect upon the present day, and ⓒ not in relation to its inherent possibilities for illuminating the future; but, instead, ③ to view it exclusively for its own sake, in and of itself, only in relation to that fixed moment when it appeared.

⋯➝ but은 ①, ②, ③을, and는 ⓐ, ⓑ, ⓒ를 연결합니다.

오늘날 예술적 혹은 문화적 현상을 역사적 맥락에 놓지 않는 경향, 즉 그것의 기원이나 그것을 형성한 요소에 비추어 보지 않고, 그것과 현재의 관련성이나 영향력에 관련시키지 않고, 그리고 미래를 밝히는 내재적 가능성과 관련시키지 않고 보는, 대신 그 예술적 문화적 현상이 나타난 고정된 순간에만 연관해서 그 자체만을 고립시켜서 보는 경향이 만연하다.

3. Historians of science ask, for example, not about the relation of Galileo's views to those of modern science, but rather about the relationship between his views and those of his group, i.e., his teachers, contemporaires, and immediate successors in the sciences.[59]

예를 들어, 과학 역사가들은 갈릴레오의 견해와 현대 과학의 견해에 대한 관계에 대해서가 아니라 그의 견해와 그의 집단(교사들, 동시대인, 그리고 그 과학의 직접적인 계승자들)의 견해 사이의 관계에 대하여 질문한다.

4. Herbert Simon, the winner of the 1978 Nobel Prize in economics, was arguably the last Renaissance man on earth. He started out as a political scientist and moved on to the study of public administration, (writing the classic book in the field, *Administrative Behaviour*). (Throwing in a couple of papers in physics along the way), he moved into the study of organizational behavior, business administration, economics, cognitive psychology, and artificial intelligence (AI).[60]

1978년 노벨 경제학상 수상자인 허버트 사이먼은 아마 틀림없이 지구상의 마지막 르네상스인이었다. 그는 정치 과학자로 시작했으며, 그 분야의 고전인 〈행정 행태〉라는 책을 쓰면서 행정학에 대한 연구로 옮겨갔다. 도중에 물리학에 대한 몇몇 논문을 쓰면서 그는 조직 행동, 경영학, 경제학, 인지 심리학, 그리고 인공지능에 대한 연구로 옮겨갔다.

5. Having originated in Denmark, cohousing, a housing model based on the traditional village, balances the privacy of single-family dwellings with close community interaction.

덴마크에서 유래된, 전통 마을을 바탕으로 한 주택 모델인 코하우징은 단독 주택의 사생활권과 친밀한 공동체 상호 관계의 균형을 맞춘다.

6. a. Harry strolled downstairs, his hands deep in his jeans pockets.[61]

b. They decided to wait for dawn, each hiker taking his two-hour turn at watch.[62]

a. 해리는 손을 청바지 주머니 속 깊이 넣은 채로 아래층으로 한가로이 내려갔다.
b. 하이커들은 각각 2시간씩 보초를 서면서 새벽까지 기다리기로 결정했다.

7. a. Lying in bed this morning, I heard the alarm go off at 6 a.m.

b. Torn and bent beyond recognition, my mother's letter was delivered to me yesterday.

a. 오늘 아침 침대에 누워 있을 때 나는 6시에 알람이 울리는 것을 들었다.
b. 알아볼 수 없을 정도로 구겨진 채로, 어제 우리 엄마의 편지가 내게 전달되었다.

8. For Kant, however, this is the wrong question to ask. What matters is not how you would feel under theses circumstances, but what it means to treat persons as rational beings, worthy of respect. Here is a case where compassion might point one way and Kantian respect (might point) another.

그러나 칸트에게 이것은 잘못된 질문이다. 중요한 것은 당신이 이런 상황에서 어떻게 느끼는지가 아니라 인간을 이성적이고 존경할 만한 가치가 있는 존재로 대하는 것이 무엇을 의미하는가이다. 연민에 끌려 행동하는 것과 칸트적 존경에 입각해 행동하는 것이 상반되는 사례이다.

PART 3

알고 보면 너무 쉬운 영어 에세이 작성법

Essay Organization

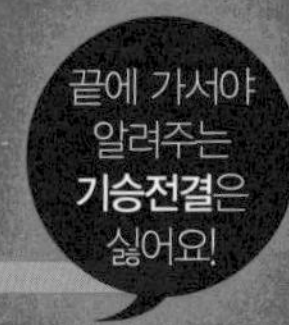

MANUAL

Part 3

알고 보면 너무 쉬운 영어 에세이 작성법

Essay Organization

영어 에세이를 쓰는 방법은 아주 간단명료합니다. 영어 에세이 쓰기의 가장 중요한 원리는 결론을 먼저 말한 후에 설명을 한다는 것입니다. '기승전결'에 익숙해 있는 우리나라 사람들에게는 다소 어색한 전개이죠.

사실 글을 쓰는 사람 입장에서 보면 결론을 마지막에 쓰는 것이 훨씬 편합니다. 본인의 생각(결론)을 밝히기 전에 그 생각을 가지게 된 이유를 차례로 설명한 뒤 마지막에 결론을 쓰는 것이 자연스럽기 때문입니다. 그런데 문제는 읽는 사람 입장에서 그 많은 설명이 어떤 결론에 대한 것인지를 모르고 읽으면 그 설명이 왜 필요한지를 파악하기가 아주 어렵다는 것입니다.

결론을 먼저 읽으면 그 결론에 대한 설명이 타당한지 아닌지를 쉽게 가려낼 수 있죠. 그래서 '기승전결'은 글을 쓰는 사람의 입장에서는 자연스럽지만 읽는 사람의 입장에서는 별로 도움이 되지 않는 전개 방식입니다. 결론을 먼저 쓰고 그 결론에 대한 설명을 해 주는 것이 독자를 위한 글의 전개 방식이라고 할 수 있습니다.

에세이는 세 개 이상의 단락으로 이루어져 있지만 기본적인 구성 방식은 한 단락의 구성과 비슷합니다. 단락에서 가장 중요한 문장을 Topic sentence라고 합니다. 어떤 책에서는 Topic sentence가 단락의 여러 위치에 올 수 있다고 하지만, Topic sentence는 거의 모든 문단의 가장 처음에 옵니다.

자신의 주장을 Topic sentence에서 먼저 밝힌 뒤, 이유를 설명하고 마지막에 자신의 주장을 다시 종합해서 쓰는 것이 기본적인 단락의 구조입니다. 영어 에세이도 똑같은 원리를 따릅니다. 서론에서 자신의 주장을 밝힌 뒤 → 본론에서 이유를 설명하고 → 결론에서 주장을 다시 종합하여 서술하는 것이죠. 우리에게 익숙한 '기승전결' 방식과 다른 점은 서론에서 먼저 주장을 밝힌다는 것밖에 없습니다.

에세이의 전체적인 구조를 그림으로 나타내면 다음과 같습니다. 거꾸로 된 삼각형과 같은 형태를 하고 있는 윗부분은 서론이고, 몸통은 본론입니다. 아래 부분은 물론 결론이겠죠.

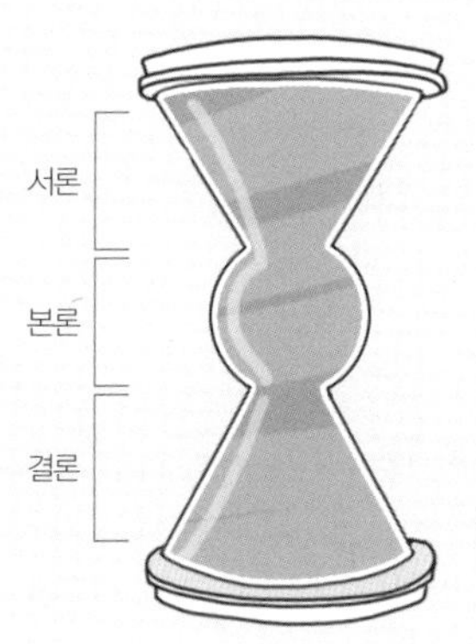

왼쪽 그림처럼 영어 에세이는 모래시계나 사탕 같은 모양의 구성입니다. 그 모양이 무엇이든 중요한 것은 서론의 처음 부분은 넓지만 끝 부분은 좁다는 것이고, 결론은 서론과 정반대로 처음 부분은 좁지만 끝 부분은 넓다는 것입니다. 그게 왜 중요한지는 서론, 본론, 결론에 대한 각각의 Lesson에서 설명하겠습니다.

서론과 논제 서술문

Introduction & Thesis Statement

Q 에세이에서 가장 중요한 문장은 무엇이며, 이 문장은 에세이의 어디에 위치하고 있을까요?

에세이에서 가장 중요한 문장은 Thesis statement라고 합니다. 이름 그대로 한 에세이의 논지를 포함하고 있는 문장입니다. 글쓴이의 주장이 나타나 있는 문장이란 뜻이죠. Thesis statement는 서론의 가장 마지막 부분에 위치합니다. 영어 에세이에서는 글쓴이의 주장을 꼭 서론에서 밝혀야 하기 때문이죠.

서론의 문장 순서 맞추기

아래 단락은 어떤 에세이의 서론입니다. 이 서론은 네 문장으로 구성되어 있는데, 문장의 순서가 뒤죽박죽입니다. 단락을 읽고 각 문장의 올바른 순서를 맞춰 보시기 바랍니다.

ⓐ Therefore, workaholics' lifestyles can affect their families, social lives, and health. ⓑ In addition, workaholics may not spend enough time in leisure activities. ⓒ Nowadays, many men and women work in law, accounting, real estate, and business. ⓓ These people are serious about becoming successful; they work long hours during the week and even on weekends, so they are called "workaholics."

네 문장을 읽어 보면 이 글의 주제가 workaholics라는 것은 금방 찾을 수 있습니다. 그리고 ⓐ는 Therefore(그러므로)로 시작하고 ⓑ는 In addition(게다가), 그리고 ⓓ는 These people(이 사람들은)로 시작하기 때문에 첫 문장은 ⓒ가 된다는 것도 금방 알 수 있죠. 네 문장의 올바른 순서는 ⓒ-ⓓ-ⓑ-ⓐ입니다.

① Nowadays, many men and women work in law, accounting, real estate, and business. These people are serious about becoming successful; they work long hours during the week and even on weekends, so they are called "workaholics." In addition, workaholics may not spend enough time in leisure activities. Therefore, workaholics' lifestyles can affect their families, social lives, and health.[63]

요즘 많은 사람들이 법률, 회계, 부동산, 그리고 사업 분야에서 일을 한다. 이들은 성공하는 것에 대해 매우 진지하다. 그래서 그들은 주중뿐 아니라 주말에도 오랫동안 일을 하며 '일 중독자'라고 불린다. 게다가 일 중독자들은 여가 활동에 충분한 시간을 사용하지 않을지도 모른다. 그러므로 일 중독자들의 생활 방식은 그들의 가족, 사회생활, 그리고 건강에 영향을 미칠 수 있다.

서론의 형태

①에서 가장 눈여겨봐야 할 곳은 밑줄 친 첫 문장과 마지막 문장입니다. 앞서 서론의 형태가 거꾸로 된 삼각형 같아야 된다고 했었죠. 처음 문장은 범위가 다소 넓은 일반적인 문장으로 시작하고 마지막 Thesis statement는 아주 범위가 좁고 명확해야 된다는 의미입니다. 그러면 첫 번째 문장은 얼마나 범위가 넓어야 할까요?

서론의 첫 문장

위 서론의 주제는 workaholics입니다. 그런데 첫 번째 문장에 workaholics라는 단어가 나오면 벌써 너무 범위가 좁은 문장이 되어 버립니다. 그렇다고 workaholics와 아무 관계가 없는 내용으로 시작할 수도 없습니다.

workaholics와 관련된 넓은 주제, 즉 직업에 관련된 문장으로 시작하는 것이 좋겠죠. 그래서 Nowadays, many men and women work in law, accounting, real estate, and business.와 같은 문장이 위 서론의 첫 문장으로 적합한 것입니다.

서론의 마지막 문장 = Thesis statement

첫 문장에 비해 서론의 마지막 문장인 Thesis statement에는 글쓴이의 주장이 명확하게 드러나 있습니다.

①-1 Therefore, workaholics' lifestyles can affect ⓐ their families, ⓑ social lives, and ⓒ health.

Blueprinting

Thesis statement ①-1이 명확한 이유는 이 문장에 전체 에세이의 '청사진(Blueprinting)'이 들어 있기 때문입니다. 어떤 건물의 청사진을 보면 직접 가 보지 않아도 전체 건물이 어떻게 설계되었는지 알 수 있는 것처럼, Blueprinting이 잘 되어 있는 Thesis statement을 읽으면 전체 에세이를 읽지 않아도 에세이의 구성을 미리 알 수 있습니다. ①-1을 읽고 나면 본론이 세 개의 단락으로 구성되어 있고, 첫 번째 단락은 ⓐ가족, 두 번째 단락은 ⓑ사회생활, 그리고 세 번째 단락은 ⓒ건강에 대한 설명을 할 것이라는 것을 짐작할 수 있죠.

안 좋은 서론과 좋은 서론의 예

②와 ③은 What's your preferred teaching style?이라는 질문에 대해 작성한 에세이의 서론입니다. 두 서론을 읽고 ②의 단점은 무엇이고 ③의 장점은 무엇인지 한번 생각해 보세요.

② I think that teachers need to have all teaching styles. Because students are very active and changeable, teachers must be able to change according to the situations they find themselves in.

나는 교사들이 모든 교수 방식을 가져야 한다고 생각한다. 학생들은 매우 활발하고 변화무쌍하기 때문에 교사들은 그들이 처하게 되는 상황에 따라 변화할 수 있어야만 한다.

③ Looking back on our school years, we all have memories of teachers who left lasting impressions on us with their unique teaching styles. Needless to say, everyone has his or her own preferred teaching style for various reasons. For one, I prefer learning in an entertaining way because it is more effective, it helps build relationships, and it allows for more student involvement.

학창 시절을 회상해 보면, 우리는 모두 독특한 교수 방식으로 우리에게 오랜 인상을 남겼던 선생님들에 대한 기억을 가지고 있다. 두말할 필요 없이, 모든 사람들은 다양한 이유로 자신만의 선호하는 교수 방식이 있다. 한 가지 예로 나는 재미있게 배우는 것을 선호하는데, 그것이 더 효과적이고 친해지는 데 도움이 되며, 더 많은 학생 참여를 불러일으키기 때문이다.

서론은 세 문장 이상으로 구성

가장 먼저 눈에 띄는 ②의 단점은 서론이 두 문장으로 구성되어 있다는 것입니다. 서론은 최소한 세 문장 또는 네 문장을 포함하고 있어야 합니다. 처음 문장은 일반적인 문장이고 마지막은 문장은 Thesis statement이기 때문에 최소한 이 두 문장을 이어 주는 문장이 하나나 둘은 필요하기 때문이죠.

서론의 첫 문장은 일반적인 문장으로

두 번째 문제는 첫 문장이 일반적이지 않다는 것입니다. 첫 문장이 에세이의 주제인 teaching style을 포함하고 있고, I think로 시작함으로써 주제에 대한 일반적인 문장이 아닌 이미 질문에 대한 답을 하고 있는 느낌을 줍니다.

Thesis statement는 명확하게

세 번째 문제는 명확하지 않은 Thesis statement입니다.

②-1 Because students are very active and changeable, teachers must be able to change according to the situations they find themselves in.

Thesis statement ③-1은 글쓴이의 주장이 드러나 있으므로 어느 정도는 구체적이고 명확한 문장이라고 할 수 있습니다. 하지만 에세이는 your preferred teaching style에 관해 묻고 있는데 ②-1은 모든 교사에 해당되는 문장이므로 질문에 구체적으로 답을 했다고 볼 수 없습니다.

서론 ②와 달리 서론 ③은 세 문장으로 구성되어 있고, 일반적인 첫 문장인 ③-1로 시작하여 구체적이고 명확한 Thesis statement인 ③-2로 끝난 좋은 서론이라고 볼 수 있습니다.

③-1 Looking back on our school years, we all have memories of teachers who left lasting impressions on us with their unique teaching style.

③-2 For one, I prefer learning in an entertaining way because ⓐit is more effective, ⓑit helps build relationships, and ⓒit allows for more student involvement.

③-1이 에세이의 주제인 teaching style을 포함하고 있음에도 불구하고 일반적인 문장으로 적절한 이유는 무엇일까요? 글쓴이의 preferred teaching/learning style에 관한 직접적인 대답이 아닌 독자 모두의 경험에 대해 서술하고 있기 때문입니다.

Thesis statement는 본론에서 발전시킬 수 있는 주장으로

Thesis statement ③-2도 ②-1과는 달리 질문에 대한 대답이 명확히 서술되어 있고 because절에 전체 에세이의 Blueprinting도 포함되어 있습니다. 사실 ②-1에서의 because절도 Blueprinting을 포함한다고 볼 수 있지만, students are very active와 students are very changeable이 본론에서 설명을 필요로 하는 주장이라고 보기는 어렵습니다.

이와 반대로 ③-2의 (learning in an entertaining way) ⓐis more effective, ⓑhelps build relationships, and ⓒallows for more student involvement는 질문에 대한 구체적인 답의 역할을 하면서도 내용이 피상적이지 않아 본론에서 발전시킬 수 있는 주장이라고 볼 수 있습니다.

그럼 〈Lesson 14〉에서는 Thesis statement에 나타난 글쓴이의 주장이 본론에서 어떻게 발전되는지에 대해 이야기하겠습니다.

이것만은 확실히

- 에세이에서 **서론**은 전체 에세이의 논지를 포함하고 있어야 하고, 논지를 포함하고 있는 중심 문장인 Thesis statement은 서론의 끝 부분에 위치한다.
- 에세이의 첫 문장은 일반적이면서 객관적인 문장이어야 하지만, Thesis statement은 구체적이면서 에세이의 청사진을 보여 주고 본론에서 발전시킬 수 있는 주장을 담고 있어야 한다.

Lesson

본론과 주제문

Body Paragraph & Topic Sentence

Q 에세이의 가장 중요한 문장은 Thesis statement이며, 이 문장은 서론의 가장 마지막에 위치한다고 했습니다. 그럼 본론에서 가장 중요한 문장은 무엇이며, 이 문장은 본론 단락의 어디에 위치해 있을까요?

본론 단락은 일반적인 단락의 구성과 똑같습니다. 본론의 가장 중요한 문장은 Topic sentence라고 부르고 서론의 Thesis statement와는 달리 Topic sentence는 본론 단락 처음에 옵니다.

본론의 길이는 어느 정도가 적당할까?

본론 단락에 대해 학생들이 가장 먼저 궁금해 하는 것은 길이입니다. 물론 정답은 없습니다만 대체로 본론 단락은 서론의 1.5배에서 2.5배 사이가 적절하다고 볼 수 있습니다. 본론 단락 수가 5개 이상인 긴 에세이라면 한두 단락은 서론과 길이가 비슷하거나 짧을 수도 있겠지만, 본론 단락 수가 3개 이하일 때는 서론보다 짧은 단락은 피하는 것이 좋습니다. 그리고 길이가 한 쪽 이상이 되는 단락은 Topic sentence가 따로 없더라도 적당한 곳에서 두 단락으로 나누는 것이 좋습니다.

좋은 본문 단락의 조건 네 가지

아래 단락은 총 여섯 문장으로 구성되어 있고, 단어 수는 120개입니다. 같은 에세이의 서론이 세 문장이고, 단어 수는 63개로 구성되어 있으므로 길이는 적당하다고 볼 수 있습니다. 단락의 첫 문장인 Topic sentence에는 글쓴이의 주장이 잘 드러나 있고, For instance로 시작하는 중간 부분에서는 적절한 예를 들고 있고, 마지막 문장은 다음 단락으로 자연스럽게 이어질 수 있는 다리 역할을 하고 있습니다.

First, a stimulating lesson has a hook to engage learners and, as a result, makes the learner more open to learning, thereby improving its effectiveness. A creative teacher uses various activities such as games, songs, and drama. This teaching style seems to improve my retention rate and my performance in class. For instance, I seem to understand better the meanings of words and phrases that I learned through songs and drama. I also remember words that I encountered in games much better than the ones I simply read in a book. This implies that the fun factor in the classroom is crucial to the efficacy of a lesson. Of course, an enjoyable lesson has more to it than just efficacy.

첫째, 흥미로운 수업은 학습자들을 사로잡는 매력이 있는데, 그 결과 그들이 배우는 데에 더 열린 마음을 갖게 하고 그럼으로써 학습의 효과를 향상시킨다. 창의적인 교사는 게임, 노래, 드라마와 같은 다양한 방법들을 사용한다. 이러한 교수 방식은 나의 기억력과 수업 성과를 향상시키는 것 같다. 예를 들어, 나는 노래와 드라마를 통해 배웠던 단어들과 구문들의 의미를 더 잘 이해하는 것 같다. 나는 또한 게임을 하면서 접한 단어들을 단순히 책에서 본 단어들보다 더 잘 기억한다. 이것은 교실에서 재미라는 요소가 수업의 효율성에 중요하다는 것을 의미한다. 물론 재미있는 수업은 단순한 효율성 이상의 의미가 있다.

Topic sentence는 어떻게 쓸까?

본론 단락의 가장 중요한 문장인 Topic sentence는 사실 Thesis statement를 잘 쓰고 나면 전혀 어렵지 않게 쓸 수 있습니다. 위 단락을 포함하고 있는 에세이는 총 5개의 단락으로 구성되어 있습니다. 서론과 결론을 제외하면 본론 단락은 3개가 있다는 말이죠. 이 에세이의 Thesis statement와 세 본론 단락의 Topic sentence는 다음과 같습니다.

Thesis statement

For one, I prefer learning in an entertaining way because ⓐit is more effective, ⓑit helps build relationships, and ⓒit allows for more student involvement.

Topic sentences

Ⓐ First, a stimulating lesson has a hook to engage learners and, as a result, makes the learner more open to learning, thereby improving its effectiveness.

Ⓑ Second, an entertaining lesson helps students form a stronger bond with their teacher.

Ⓒ Finally, an engaging class allows for more student involvement.

Topic sentence와 Thesis statement의 관계

위 세 개의 Topic sentence를 Thesis statement와 비교해 보면 Topic sentence는 Thesis statement를 세 개로 나눈 것에 불과하다는 것을 알 수 있습니다. Topic sentence Ⓐ는 ⓐ의 내용을 담고 있고, Topic sentence Ⓑ는 ⓑ를, Topic sentence Ⓒ는 ⓒ의 내용을 담고 있습니다. Thesis statement와 Topic sentence의 관계는 아래와 같이 간단하게 나타낼 수 있습니다.

Thesis statement	X is Y because of A, B, and C.
Topic sentence 1	First, X is Y because of A.
Topic sentence 2	Second, X is Y because of B.
Topic sentence 3	Finally, X is Y because of C.

Thesis statement의 명확함의 중요성

Topic sentence는 Thesis statement와 이런 밀접한 관계를 갖고 있기 때문에 Blueprinting을 포함한 구체적인 Thesis statement를 쓸 수 있는 능력을 기르는 것이 정말 중요합니다. Thesis statement가 구체적이고 명확하지 않으면 절대 제대로 된 Topic sentence를 쓸 수 없기 때문이죠.

마지막으로 Topic sentence를 쓸 때 학생들이 가장 많이 범하는 오류 세 가지에 대해 설명하도록 하겠습니다.

Topic sentence에서 자주 범하는 오류 1

첫 번째는 Topic sentence가 올 자리에 ①과 같은 질문을 던지는 것입니다.

① Do we need to obey authority?
우리는 권위에 복종해야 하는가?

Thesis statement와 마찬가지로 Topic sentence는 에세이 질문에 대답을 해야 하는 문장이므로 절대 의문문이 될 수 없습니다. 다시 말하면 서론의 마지막 부분과 본론 단락 첫 부분에는 절대 의문문이 오면 안됩니다. 에세이에서 의문문을 사용하기에 가장 좋은 곳은 서론의 처음 부분입니다. 의문문을 사용함으로써 독자들의 흥미를 유발할 수 있기 때문이죠.

Topic sentence에서 자주 범하는 오류 2

Topic sentence를 쓸 때 학생들이 두 번째로 많이 범하는 오류는 ②와 같이 논쟁의 여지가 없는 '사실'을 서술하는 것입니다.

② Ataturk is called the father of Turks.
아타튀르크는 터키인들의 아버지라고 불린다.

글쓴이의 주장이 담겨 있어야 하는 Thesis statement와 Topic sentence에 ②처럼 사실만을 서술하는 문장은 쓰일 수 없습니다. 하지만 because나 because of를 사용하여 이유를 덧붙이면 글쓴이의 주장이 될 수 있죠. ②의 문장을 예로 들면, Ataturk가 터키인들의 아버지라고 불리는 것은 거의 모든 사람들이 받아들이는 사실이지만 왜 그렇게 불리는지에 대해서는 다른 의견을 가질 수 있기 때문이죠.

Topic sentence에서 자주 범하는 오류 3

의문문을 사용하거나 사실을 서술하는 것은 Thesis statement와 Topic sentence에서 공통적으로 관찰되는 오류이지만, ③과 같이 For example로 시작하는 문장을 사용하는 것은 주로 Topic sentence에 관한 오류로 국한되어 있습니다.

③ For example, in Experiment 1, panhandlers made one of the following two strange requests: "Can you spare 17 cents?" or "Can you spare a quarter?"
예를 들어, 실험 1에서 걸인들은 "17센트를 줄 수 있습니까?" 혹은 "25센트를 줄 수 있습니까?"와 같은 두 가지 이상한 요청 중 하나를 했다.

③과 같은 오류는 서론에서 구체적이고 명확한 Thesis statement를 쓴 학생도 자주 범하는 오류입니다. 이미 Thesis statement에서 구체적으로 질문에 대한 답을 했기 때문에 본론 단락에서는 Topic sentence 없이 곧바로 예를 들어 설명을 해도 된다고 생각하기 때문이죠.

Thesis statement에서 한 이야기를 여러 개의 Topic sentence로 나눠서 반복해야 한다는 것을 이해하지 못하는 학생들에게는 공통점이 또 하나 있습니다. 결론에서 Thesis statement를 또 한 번 반복해야 한다는 구조는 더욱 받아들이기 힘들어 한다는 것입니다. 결론에 대해서는 다음 장에서 자세히 설명하겠습니다.

이것만은 확실히

- 에세이의 **본론** 단락은 서론의 1.5~2.5배 길이가 적당하며 본론 단락의 가장 중요한 문장인 Topic sentence는 단락의 첫 부분에 위치한다.
- Blueprinting을 포함한 Thesis statement로 Topic sentences를 작성하는 법

  Thesis statement: X is Y because of A, B, and C.

  Topic sentence 1: First, X is Y because of A.

  Topic sentence 2: Second, X is Y because of B.

  Topic sentence 3: Finally, X is Y because of C.

- Topic sentence(& Thesis statement)에서 주의할 점

  a. 질문을 하면 안 된다.

  b. '사실'이 아닌 '주장'이 드러나야 한다.

  c. For example로 시작하면 안 된다.

결론

Conclusion

Q Part 3 도입부에서 에세이의 형식을 모래시계에 비유하면서, 서론의 처음 부분은 넓지만 끝은 좁다는 것과 결론은 정반대로 처음 부분은 좁지만 끝은 넓다는 것을 강조했습니다. 결론이 좁게 시작해서 넓게 끝난다는 것은 무슨 뜻일까요?

결론이 좁게 시작한다는 것은 Thesis statement를 결론 첫 부분에 다시 반복한다는 이야기입니다. Thesis statement가 에세이에서 가장 구체적이고 명확한 문장이기 때문이죠. 반대로 넓게 끝난다는 것은 좀 더 일반적인 문장으로 끝이 난다는 뜻이겠죠.

결론에서의 Thesis statement의 반복

결론에서 가장 중요한 것은 첫 부분에 Thesis statement를 다시 반복해야 한다는 것입니다. 아래 결론에서 밑줄 친 문장의 Ⓐ와 Thesis statement의 ⓐ를 비교해 보면 서로 관련이 없어 보일 수 있습니다. 하지만 본론을 읽어 보면 첫 번째 본론 단락에서 글쓴이는 수업의 효과를 향상시키기 위해 다양한 활동을 해야 한다고 주장합니다.

① I have just mentioned some of the reasons why I prefer learning in an enjoyable way. <u>In a nutshell, it brings forth successful learning by Ⓐ using diverse activities, Ⓑ building relationships between the teacher and the students, and Ⓒ increasing student involvement.</u> So, why make it so serious? Learning should be fun!

나는 지금까지 내가 즐거운 방식으로 학습하는 것을 선호하는 이유 몇 가지를 언급했다. 요약하자면, 즐거운 방식으로 학습하는 것은 Ⓐ다양한 활동들을 활용하고 Ⓑ교사와 학생 사이에 관계를 형성하고 Ⓒ학생 참여를 증가시킴으로써 성공적인 학습을 이끌어 낸다. 그런데 왜 그렇게 딱딱하게 수업을 하는가? 배움은 재미있어야 한다.

Thesis statement

For one, I prefer learning in an entertaining way because ⓐit is more effective, ⓑit helps build relationships, and ⓒit allows for more student involvement.

결론을 마무리 하는 문장

Thesis statement를 적절하게 반복한 밑줄 친 문장 외에도 마지막 두 문장은 전체 에세이를 마무리하는 문장으로 손색이 없습니다. 의문문은 서론의 첫 문장으로도 적합하지만 결론의 끝 부분에도 효과적으로 쓰일 수 있습니다. 하지만 서론의 첫 문장으로 쓰이는 의문문과 결론의 마지막에 쓰이는 의문문은 근본적으로 성격이 다른 의문문입니다.

서론의 의문문과 결론의 의문문의 차이

서론의 첫 문장으로 의문문이 적절한 이유는 에세이를 시작하면서 독자의 호기심을 유발할 수 있기 때문입니다. 하지만 에세이의 마지막 부분에 답을 가르쳐 주지도 않을 질문을 하는 것은 정말 무책임한 행동이겠죠. 그래서 결론의 끝에 사용되는 의문문은 형태만 의문문이지 독자가 이미 답을 알고 있는 수사 의문문rhetorical question입니다. 수업은 재미있게 해야지 심각하게 할 필요가 없다는 주장을 So, why make it so serious?라는 의문문의 형태를 이용해 반문하는 것이죠.

결론의 마지막 문장을 쓰는 요령

서론의 처음 문장과는 달리 결론의 마지막 문장은 Thesis statement를 직접적으로 반복하지만 않으면 일반적인 문장이라고 볼 수 있습니다. 가끔 마지막에 일반적인 이야기를 하려고 하다가 본론에서 거론되지 않았던 새로운 주장이나 사실을 언급하게 되기도 하는데, 이것은 결론에서 절대 하면 안 되는 금기사항입니다.

결론의 시작은 Thesis statement의 반복으로

앞에서 보았던 단락 ①의 단점은 불필요한 문장으로 시작한다는 것입니다. 영어 에세이의 가장 중요한 원리 중 하나는 간결성입니다. 서론과 본론을 모두 읽은 독자는 앞에서 글쓴이가 learning in an enjoyable way를 선호하는 이유를 자세히 설명했다는 사실을 알고 있습니다.

그런 사실을 16개의 단어를 허비하며 I have just mentioned some of the reasons why I prefer learning in an enjoyable way.라고 다시 알려 줄 필요가 없습니다. 단어 몇 개 줄이려고 동격 명사구와 그 어려운 분사구문도 배웠는데 16개의 단어를 이렇게 허비한다면 허무하겠죠.

①을 수정하는 것은 아주 간단합니다. 불필요한 첫 문장을 삭제하고 ①-1과 같이 두 번째 문장의 it brings forth를 an entertaining teaching style brings forth로 수정하면 됩니다.

①-1 In a nutshell, an entertaining teaching style brings forth successful learning by Ⓐ using diverse activities, Ⓑ building relationships between the teacher and the students, and Ⓒ increasing student involvement. So, why make it so serious? Learning should be fun!

결론은 두 문장으로도 충분

결론은 서론과 달리 두 문장만으로도 역할을 제대로 수행할 수 있습니다. 첫 문장에서 Thesis statement를 다시 서술하고 재치 있는 문장으로 에세이를 마무리하면 되기 때문이죠.

결론 써 보기

그럼 마지막으로 아래의 서론과 그 뒤를 따르는 세 개의 Topic sentence를 읽고 이에 적당한 결론을 써 보시기 바랍니다.[64]

Many factors influenced me in choosing a college at which to continue my education. From the beginning of my senior year in high school, I had been looking for the college that was right for me. Although the reputation of the college was perhaps my first consideration, I also studied other advantages. Because of ⓐ its location, ⓑ financial arrangements, and ⓒ special programs offered, I decided to attend Maryvale Community College (MCC).

내가 계속 교육을 받을 대학을 선택하는 데에는 많은 요소들이 영향을 미쳤다. 고등학교 3학년의 시작부터 나는 나에게 알맞은 대학을 찾았다. 물론 대학의 명성이 첫 번째 고려 사항이었지만, 나는 다른 점들도 검토했다. 위치, 학자금 주선 그리고 제공되는 특별 프로그램 때문에 나는 매리베일 커뮤니티 컬리지에 다니기로 결심했다.

Topic sentence 1

One reason I chose this college is that it is very convenient for me.

내가 이 대학을 선택한 첫째 이유는 그곳이 나에게 매우 편리하다는 것이다.

Topic sentence 2

Another reason is the tuition.

다른 이유는 수업료이다.

Topic sentence 3

Most important, however, is the fact that there are English as a Second Language classes that help foreign students improve their English communication skills.

그러나 가장 중요한 것은 학생들의 영어 의사소통 능력 향상을 돕는 ESL 수업이 있다는 사실이다.

물론 정답은 없지만 ②와 같은 글이 앞의 서론과 Topic sentences에 적절한 결론이라고 할 수 있습니다.

② Maryvale Comunity College may not be the best college in the world, but it is best for me because of Ⓐits proximity, Ⓑlow tuition, and ©ESL classes. Choosing the right college for me was one of the most important decisions that I had to make in life, and I am confident that the education I will be getting at MCC will help me make other important decisions in life wisely.

매리베일 커뮤니티 컬리지는 세계에서 가장 좋은 대학은 아닐지 모르지만 근접성, 저렴한 수업료 그리고 ESL 수업 때문에 나에게 있어서는 최고의 학교이다. 나에게 알맞은 대학을 선택하는 것은 내 인생에서 해야 했던 가장 중요한 결정 중 하나였다. 그리고 나는 MCC에서 받게 될 교육이 내가 인생에서의 다른 중요한 선택들을 현명하게 하도록 도와줄 것이라고 확신한다.

이것만은 확실히

- 에세이에서 **결론**의 첫 문장은 에세이의 핵심인 Thesis statement를 반복하고 마지막 문장은 간단한 '수사 의문문'이나 재치 있는 문장 등으로 마무리한다.
- 본론에서 거론되지 않았던 새로운 주장이나 사실을 결론에서 언급해서는 안 된다.

학술적 언어

Academic Language

Q 다음 문장을 formal한 에세이에서 사용하려면 어떻게 수정하는 것이 좋을까요?

And I think it's very important that teachers use various activities such as games, songs, drama, etc.

그리고 나는 교사들이 게임, 노래, 드라마와 같은 다양한 활동들을 사용하는 것이 매우 중요하다고 생각한다.

일기나 이메일과 같이 informal한 글을 쓸 때에는 위와 같은 문장이 아무 문제가 되지 않습니다. 하지만 formal한 에세이를 쓸 때에는 아래와 같이 수정하는 것이 좋죠.

Moreover, it is essential that teachers use various activities such as games, songs, and drama.

게다가 교사들이 게임, 노래, 드라마와 같은 다양한 활동들을 사용하는 것은 필수적이다.

formal한 에세이에서 하지 말아야 할 것 다섯 가지

Formal한 에세이를 쓸 때 하지 말아야 할 것들이 몇 가지 있습니다. 이미 언급한 것도 있지만 종합해서 다섯 가지만 짚어 보도록 하겠습니다.

Ⓐ And나 But으로 시작하는 문장은 되도록 피한다.
Ⓑ isn't, can't, it's, that'll과 같은 축약형을 쓰지 않는다.
Ⓒ etc., and so on, and so forth와 같은 표현은 쓰지 않는다.
Ⓓ so, very, pretty, quite, really와 같은 강조 부사는 되도록 쓰지 않는다.
Ⓔ I think, I'm going to tell you, in my opinion과 같은 불필요한 문구는 사용하지 않는다.

물론 격식을 갖춘 학문적인 글이라고 해서 앞의 다섯 가지의 규칙을 항상 따르는 것은 아닙니다. 특히 학술 서적이나 논문에서도 But으로 시작하는 문장은 어렵지 않게 찾아볼 수 있습니다.(And로 시작하는 문장은 상대적으로 많지 않습니다.)

문장을 and나 but으로 시작하면 안 되는 이유

〈Lesson 4:쉼표(Comma)〉에서 자세히 설명한 바와 같이 문장을 And나 But으로 시작하지 말라고 하는 이유는 and와 but이 등위 접속사이므로 되도록이면 앞뒤 문장을 이어서 쓰는 것이 좋기 때문입니다. 하지만 두 문장이 너무 길면 오히려 연결하지 않는 것이 좋을 때도 있습니다. 이럴 때는 뒤 문장을 And와 But과 각각 비슷한 뜻을 가진 접속 부사인 Moreover,와 However,로 시작하는 것이 좋습니다.

축약형을 쓰면 안 되는 이유

앞의 다섯 가지 규칙 중에서 학생들이 가장 의아해 하는 것은 'Ⓑ축약형을 쓰지 말라'는 규칙입니다. 에세이에서는 간결성이 중요하다고 했는데 축약형을 쓰면 안 된다는 것이 이해가 되지 않는다고 하죠. 물론 축약형을 쓰면 문장이 간결해질 수는 있습니다. 하지만 축약형을 쓰는 순간 그 문장은 일상 대화체같이 느껴지기 때문에 에세이에서 축약형을 쓰지 않는 것입니다.

etc., and so on, and so forth를 쓰면 안 되는 이유

마찬가지로 Ⓒ에서 etc., and so on, and so forth를 쓰지 말라는 이유도 이런 표현은 대화체처럼 느껴지기 때문입니다. 물론 and so on과 and so forth를 쓰지 않으면 문장이 더 간결해지기도 하죠. ①과 같이 such as 뒤에 예를 나열할 때는 마지막에 오는 etc., and so on, and so forth를 삭제하고 ①-1처럼 마지막 단어 앞에 and를 넣어 주면 됩니다.

① A creative teacher uses various activities such as games, songs, drama, etc. (and so on / and so forth.)

창의적인 교사는 게임, 노래, 드라마 등과 같은 다양한 활동들을 사용한다.

①-1 A creative teacher uses various activities such as games, songs, and drama.

be동사를 include로

그럼 ②와 같은 문장은 어떻게 수정을 하면 될까요?

② Appliances sold on that website are TVs, microwaves, refrigerators, and so on.

그 웹 사이트에서 파는 가전제품들은 TV, 전자레인지, 냉장고 등이다.

②에서 and so on을 그냥 삭제해 버리면 그 웹 사이트에서 판매되는 가전제품은 TV, 전자레인지, 냉장고 세 품목뿐이라는 인상을 주게 됩니다. 이럴 때는 ②-1과 같이 be 동사를 '포함하다'의 뜻인 include로 바꾸면 됩니다.

②-1 Appliances sold on that website include TVs, microwaves, and refrigerators.

그 웹 사이트에서 파는 가전제품들은 TV, 전자레인지, 냉장고를 포함한다.

강조 부사를 쓰면 안 좋은 이유

Ⓓ와 Ⓔ는 에세이를 간결하게 하기 위한 규칙입니다. 일상 대화에서는 so, very, pretty, really와 같은 강조 부사가 아주 빈번하게 사용됩니다. 강조 부사가 없으면 감정을 제대로 전달할 수 없다고 느껴질 정도죠. 하지만 Part 2에서 간결함의 중요성을 설명하면서 얘기했듯이, 영작문을 할 때에는 이런 강조 부사 없이 형용사만 쓰는 것이 좋습니다.

so는 꼭 that절과 함께 쓴다

강조 부사 중에 특히 주의해야 할 것은 so입니다. 혹시 학교에서 배운 so ~ that 용법 기억하시나요? 일상 대화에서는 강조 부사 so가 형용사 앞에 단독으로 자주 쓰이지만, 격식을 갖춘 에세이에서는

③과 같이 항상 that절과 같이 쓰여야 합니다.

③ The test was so difficult that nobody finished it on time.
시험이 너무 어려워서 아무도 제시간에 끝마치지 못했다.

꼭 써야 한다면 very로

'아무리 에세이라도 이 문장에서는 꼭 강조 부사를 써야겠다.'라고 생각이 든다면 very를 쓰기 바랍니다. very가 다른 강조 부사보다는 informal한 느낌이 적기 때문이죠.

에세이는 '나의 생각'을 말하는 글

그럼 I think, I'm going to tell you, in my opinion과 같은 문구가 에세이에서는 왜 필요가 없을까요? 에세이 자체가 글쓴이의 생각을 말해 주는 것이기 때문에 '내 생각은 이렇다.' 또는 '내 생각을 지금부터 말해 주겠다.'라는 말을 할 필요가 없기 때문입니다.

부적절한 문장 다듬기 1

④는 부록에 제시되어 있는 Sample Essay II의 세 번째 단락 마지막 문장입니다. 이 문장은 어떻게 수정을 하면 될까요?

④ I believe that building a good rapport between the teacher and the students is very important because learning is not a mechanical process: its success largely relies on human relationships.
나는 교사와 학생 사이에 좋은 관계를 형성하는 것이 매우 중요하다고 믿는데, 그것은 학습이 기계적인 과정이 아니고, 그것의 성공 여부는 대개 인간관계에 의존하기 때문이다.

I believe는 I think보다는 강한 의미를 가지고 있기 때문에 학생들이 자주 쓰는 표현입니다. 하지만 자신의 주장을 강하게 나타내기 위해 I believe를 쓰는 것은 형용사 앞에 very를 쓰는 것처럼 불필요한 습관입니다. 그래서 ④-1과 같이 I believe는 삭제하고 very important는 essential이라는 형용사로 바꿔 주는 것이 좋습니다.

④-1 Building a good rapport between the teacher and the students is essential because learning is not a mechanical process: its success largely relies on human relationships.

교사와 학생 사이에 좋은 관계를 형성하는 것은 필수적인데, 학습이 기계적인 과정이 아니고, 그것의 성공 여부가 대개 인간관계에 의존하기 때문이다.

부적절한 문장 다듬기 2

그러면 ⑤와 같은 문장은 어떻게 할까요?

⑤ I think it will be difficult to finish the test on time.

나는 그 시험을 제시간에 끝내는 것은 어려울 것이라고 생각한다.

⑤에서 I think를 쓰는 이유는 시험을 제시간에 끝내는 것이 (꼭 그렇다는 아니고) 어려울 수도 있다는 것을 표현하고 싶어서입니다. 그런데 단순히 I think를 삭제하면 주장이 너무 강해지죠. 이럴 때는 I think를 삭제한 후 ⑤-1과 같이 will보다 낮은 확률을 나타내 주는 조동사 may를 사용하면 됩니다.

⑤-1 It may be difficult to finish the test on time.

그 시험을 제시간에 끝마치는 것은 어려울지도 모른다.

규칙은 특정 효과를 위해 깨지기도 한다

사실 어떻게 보면 앞의 다섯 가지 규칙은 superstitions(미신)에 지나지 않는다고 볼 수도 있습니다. 이런 규칙들이 지켜지지 않은 문장은 책이나 학술지에 비일비재하게 나타나기 때문이죠. 물론 저자가 이런 규칙을 모르고 오류를 범한 경우도 있지만 특정 효과를 위해 일부러 규칙을 깨는 경우도 많이 있습니다.

John Trimble이 〈Writing with Style: Conversations on the Art of Writing〉에서 지적한 영작문에 대한 일곱 가지의 superstition은 다음과 같습니다.

1. Never begin a sentence with *and* or *but*.
2. Never use contractions.
3. Never refer to the reader as *you*.
4. Never use the first-person pronoun *I*.
5. Never end a sentence with a preposition.
6. Never split an infinitive (e.g. *to fully cooperate*).
7. Never write a paragraph containing only a single sentence.

규칙이 깨진 예 1 최고의 경제 교양서라 불리는 〈괴짜 경제학(**Freakonomics**)〉의 후속편인 〈슈퍼 괴짜 경제학(**Super Freakonomics**)〉에는 다음과 같은 글이 나옵니다. 그런데 왜 마지막 문장은 완전한 문장이 아니고 문장 단편sentence fragment일까요?

⑥ So as you leave your friend's party, the decision should be clear: driving is safer than walking. (It would be even safer, obviously, to drink less or to call a cab.) The next time you put away four glasses of wine at a party, maybe you'll think through your decision a bit differently. Or, if you're too far gone, maybe your friend will help sort things out. <u>Because friends don't let friends walk drunk.</u>[65]

그러므로 당신이 친구의 파티를 떠날 때 내려야 할 결정은 분명하다. 운전하는 것이 걷는 것보다 안전하다는 것이다. (술을 덜 마시거나 택시를 부르면 명백히 더 안전할 것이다.) 다음번에 당신이 파티에서 네 잔의 와인을 마시면, 아마도 당신은 결정에 약간은 다르게 다다를 것이다. 혹은 만약 당신이 너무 많이 마셨다면, 아마도 당신 친구들이 상황을 정리하는 것을 도와줄 것이다. 왜냐하면 친구라면 친구가 술 취한 상태로 걸어가도록 하지 않을 것이기 때문이다.

〈Freakonomics〉와 〈Super Freakonomics〉의 제1 저자는 하버드를 졸업한 시카고 대학의 경제학 교수이고 제2 저자는 뉴욕 콜롬비아 대학에서 글쓰기 석사학위를 받은 작가입니다. 이런 사람들이 Because friends don't let friends walk drunk.가 완전한 문장이 아니고 문장 단편이라는 것을 모를 리 없겠죠. 일부러 비문인 문장 단편을 사용함으로써 강조의 효과를 의도한 것입니다.

규칙이 깨진 예 2 또 다른 예를 하나 들어 보겠습니다. 영국 Cambridge 대학 장하준 교수의 책 〈23 Things They Don't Tell You about Capitalism〉이 세계적으로 인기몰이에 성공한 이유 중 하나는 이 책의 특이한 제목입니다. 아무 생각 없이 지은 제목 같으면서도 한 번 들으면 쉽게 잊히지 않는 이 제목에서 가장 눈에 띄는 것은 단어 Things입니다.

영작문 수업에서 선생님들이 누누이 강조하는 superstition 중 하나가 애매한 단어 thing 대신 정확한 뜻을 가진 명사를 쓰라는 것이기 때문이죠.

그런데 장하준 교수는 자신의 책 제목을 23 Things로 시작하고 목차에서도 Thing 1: There is no such thing as a free market으로 시작하여 Thing 23: Good economic policy does not require good economists까지 각 장의 제목을 모두 Thing으로 썼습니다. Cambridge 대학 교수인 장하준 박사가 Things보다 Truths나 Facts라는 단어가 더 명확하다는 것을 몰랐을까요? 그럴 리 없겠죠. 오히려 그는 누구도 책 제목에 things와 같은 애매한 단어를 사용하지 않을 것이라는 것을 알았기 때문에 자신만의 독특한 책 제목을 만들어 낼 수 있었을 것입니다.

규칙을 깨려면 규칙을 알아야 한다

앞으로 영어 에세이나 학술 서적 등을 읽다 보면 이번 Lesson에서 설명한 규칙을 포함한 많은 다른 규칙들이 지켜지지 않은 것을 볼 수 있을 것입니다. 그렇다고 이 규칙들을 알 필요가 없는 것은 절대 아닙니다. 어떤 효과를 위해 규칙을 깨려고 해도 우선 규칙을 알아야 깰 수 있기 때문입니다.

에세이 작성법과 문법의 중요성

요즘 많은 쓰기 교육 전문가들이 이 책에서 다루고 있는 글쓰기의 기본적인 문법 요소들과 에세이 기본틀의 중요성을 간과하는 경향이 있습니다. 글쓰기에서 가장 중요한 창의력(creativity)을 저해할 수 있다고 주장하며 말이죠.

물론 저는 동의하지 않습니다. 반대로 이 책에서 다룬 문법 요소들과 에세이의 기본틀이 학생들에게 창의적인 생각을 더 논리적으로 표현할 수 있도록 도와주는 역할을 한다고 생각합니다.

Steve Jobs의 말처럼 창의력은 무에서 유를 창조하는 능력이 아니고 이미 존재하는 것을 종합하여 새로운 것을 만드는 능력이라고 생각합니다. 그렇다면 창의적인 에세이를 쓴다는 것 또한 에세이에 대한 기본적인 문법과 개념을 이해하지 않고는 불가능한 일이죠.

"Creativity is just connecting things. When you ask creative people how they did something, they feel a little guilty because they didn't really *do* it, they just *saw* something. It seemed obvious to them after a while. That's because they were able to connect experiences they've had and synthesize new things."[66]

– Steve Jobs

창의력은 단지 사물들을 연결하는 것이다. 창의적인 사람들에게 어떻게 무엇을 했는지 물으면, 그들은 약간의 죄책감을 느낄지도 모른다. 왜냐하면 그들이 정말 무엇인가를 한 것이 아니라 단지 보았기 때문이다. 시간이 지난 뒤 명백하게 보였을 뿐이다. 그들이 볼 수 있었던 이유는 바로 그들이 경험해 왔던 것을 연결하고 새로운 것을 종합할 수 있었기 때문이다.

이것만은 확실히

- Formal한 에세이에서 지켜야 할 규칙 다섯 가지
  Ⓐ And나 But으로 시작하는 문장은 되도록 피한다.
  Ⓑ isn't, can't, it's, that'll과 같은 축약형을 쓰지 않는다.
  Ⓒ etc., and so on, and so forth와 같은 표현은 쓰지 않는다.
  Ⓓ so, very, pretty, quite, really와 같은 강조 부사는 되도록 쓰지 않는다.
  Ⓔ I think, I'm going to tell you, in my opinion과 같은 불필요한 문구는 사용하지 않는다.
- 이런 규칙들은 특정 효과를 위해 깨지기도 하지만 규칙을 깨려면 먼저 규칙을 알아야 한다.
- 학생들은 작문에 관한 고급 문법과 에세이 작성법을 배움으로써 자신의 창의적인 생각을 논리적으로 표현할 수 있게 된다.

Appendix
Sample Essays

샘플 에세이를 읽기 전에 먼저 영어 에세이를 쓰는 데에 가장 기본적인 사항을 몇 가지 짚어 보도록 하겠습니다.

- 글자체는 Times New Roman을 쓰고 글자 크기는 12 point로 한다.
- 단락을 시작할 때는 Tab 버튼을 눌러 첫 문장을 들여 쓴다(Indent).
- 줄 간격은 두 줄로 한다(Double-spaced).
  (MS Word 기준 [홈→단락→줄 간격→2줄]로 설정)
- 에세이 제목의 첫 단어와 끝 단어는 항상 대문자로 시작하고 나머지는 중요한 단어만 대문자로 시작한다.

중요한 단어란 명사, 동사, 형용사, 부사 등의 의미어를 말합니다. 제목에서 이런 단어들은 항상 대문자로 시작하죠. 반면 관사, 접속사, 전치사 등과 같은 역할어는 제목의 처음이나 끝에 오는 단어가 아닌 이상 항상 소문자로 시작합니다. Sample Essay 네 개의 제목을 비교해 보면 알 수 있죠.

① Three Pitfalls to Avoid in College
② A View of American Values
③ My Preferred Teaching Style
④ The Forgotten Value of Films

위의 ②와 ④에서는 각각 부정관사와 정관사가 역할어임에도 불구하고 대문자로 쓰였습니다. 각 제목의 첫 단어이기 때문이죠. 그리고 주의해야 할 것은 에세이의 자신의 제목에는 따옴표나 밑줄을 사용하지 않는다는 것입니다.

이제 마지막으로 Thesis statement, Topic sentence(s), Thesis statement 반복의 위치를 요약해 보겠습니다. 뒤에 나오는 Sample Essay들을 보면서 Thesis statement와 Topic sentence(s), Thesis statement 반복을 각각 찾아 하이라이트한 뒤 이 문장들이 적절한 위치에 있는지를 확인해 보기 바랍니다.

Ⓐ Thesis statement – 서론 마지막

X is Y because of A, B, and C.

Ⓑ Topic sentence(s) – 본론 단락 첫 부분

① First, X is Y because of A.
② Second, X is Y because of B.
③ Finally, X is Y because of C.

Ⓒ Thesis statement 반복 – 결론 첫 부분

Three Pitfalls to Avoid in College

(from the Writing Center at Los Angeles City College)

Although going to college is a privilege for many students today, some of these young students attend college unwilling to meet their class obligations. As a result, they fail their courses. Flunking a class can be a devastating experience for any student, but it can be avoided by eliminating certain bad habits—namely, poor attendance, failure to complete homework assignments, and lack of participation in class discussions.

There are three important pitfalls that must be avoided if students do not want to fail their college courses. First, students should attend all class meetings. When students miss class lectures, they miss valuable information that may include charts and examples. Without this information, they will not be able to perform well on the tests focusing on those particular topics. Second, students should complete all homework assignments. If assignments are incomplete or completely ignored, students do not have the opportunity to practice and master the skills being taught or to demonstrate understanding of the information. Finally, all students should participate in class discussions. When students appear uninterested or are unresponsive to instructors' questions, instructors are more likely to believe that students are bored with the class content, which will in turn be reflected in the assigned grade.

All students have certain responsibilities to fulfill when they enroll in a college course if they do not want to fail. Poor attendance, failure to complete homework assignments, and lack of participation in class discussions are three assurances of a failing grade. If these three bad habits are avoided, earning a good grade is a likely outcome.

Three Pitfalls to Avoid in College

Although going to college is a privilege for many students today, some of these young students attend college unwilling to meet their class obligations. As a result, they fail their courses. Flunking a class can be a devastating experience for any student, but it can be avoided by eliminating certain bad habits—namely, poor attendance, failure to complete homework assignments, and lack of participation in class discussions.

There are three important pitfalls that must be avoided if students do not want to fail their college courses. First, students should attend all class meetings. When students miss class lectures, they miss valuable information that may include charts and examples. Without this information, they will not be able to perform well on the tests focusing on those particular topics. Second, students should complete all homework assignments. If assignments are incomplete or completely ignored, students do not have the opportunity to practice and master the skills being taught or to demonstrate understanding of the information. Finally, all students should participate in class discussions. When students appear uninterested or are unresponsive to the instructors' questions, instructors are more likely to believe that students are bored with the class content, which will in turn be reflected in the assigned grade.

All students have certain responsibilities to fulfill when they enroll in a college course if they do not want to fail. Poor attendance, failure to complete homework assignments, and lack of participation in class discussions are three assurances of a failing grade. If these three bad habits are avoided, earning good is a likely outcome.

Ⓐ **Thesis statement**

Flunking a class can be a devastating experience for any student, but it can be avoided by eliminating certain bad habits—namely, ① poor attendance, ② failure to complete homework assignments, and ③ lack of participation in class discussions.

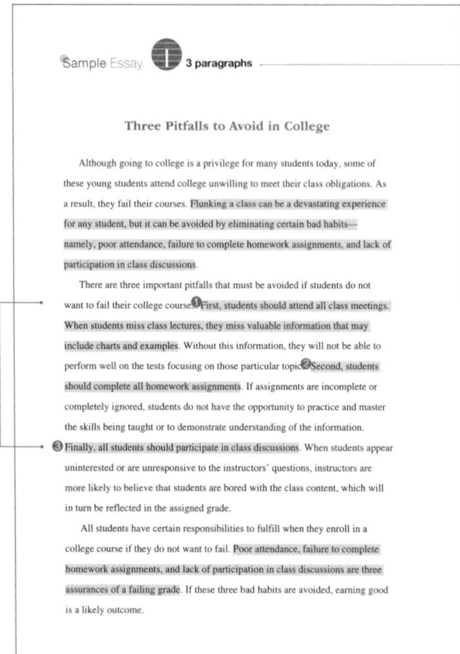

Sample Essay 1 **3 paragraphs**

Three Pitfalls to Avoid in College

Although going to college is a privilege for many students today, some of these young students attend college unwilling to meet their class obligations. As a result, they fail their courses. Flunking a class can be a devastating experience for any student, but it can be avoided by eliminating certain bad habits—namely, poor attendance, failure to complete homework assignments, and lack of participation in class discussions.

There are three important pitfalls that must be avoided if students do not want to fail their college courses. ❶ First, students should attend all class meetings. When students miss class lectures, they miss valuable information that may include charts and examples. Without this information, they will not be able to perform well on the tests focusing on those particular topics. ❷ Second, students should complete all homework assignments. If assignments are incomplete or completely ignored, students do not have the opportunity to practice and master the skills being taught or to demonstrate understanding of the information. ❸ Finally, all students should participate in class discussions. When students appear uninterested or are unresponsive to the instructors' questions, instructors are more likely to believe that students are bored with the class content, which will in turn be reflected in the assigned grade.

All students have certain responsibilities to fulfill when they enroll in a college course if they do not want to fail. Poor attendance, failure to complete homework assignments, and lack of participation in class discussions are three assurances of a failing grade. If these three bad habits are avoided, earning good is a likely outcome.

Ⓑ **Topic sentence**

There are three important pitfalls that must be avoided if students do not want to fail their college courses.

Sub-topic sentences

① First, students should attend all class meetings.
② Second, students should complete all homework assignments.
③ Finally, all students should participate in class discussions.

Sample Essay  3 paragraphs

Three Pitfalls to Avoid in College

Although going to college is a privilege for many students today, some of these young students attend college unwilling to meet their class obligations. As a result, they fail their courses. Flunking a class can be a devastating experience for any student, but it can be avoided by eliminating certain bad habits—namely, poor attendance, failure to complete homework assignments, and lack of participation in class discussions.

There are three important pitfalls that must be avoided if students do not want to fail their college courses. First, students should attend all class meetings. When students miss class lectures, they miss valuable information that may include charts and examples. Without this information, they will not be able to perform well on the tests focusing on those particular topics. Second, students should complete all homework assignments. If assignments are incomplete or completely ignored, students do not have the opportunity to practice and master the skills being taught or to demonstrate understanding of the information. Finally, all students should participate in class discussions. When students appear uninterested or are unresponsive to the instructors' questions, instructors are more likely to believe that students are bored with the class content, which will in turn be reflected in the assigned grade.

All students have certain responsibilities to fulfill when they enroll in a college course if they do not want to fail. Poor attendance, failure to complete homework assignments, and lack of participation in class discussions are three assurances of a failing grade. If these three bad habits are avoided, earning good is a likely outcome.

Ⓒ **Thesis statement 반복**

① Poor attendance, ② failure to complete homework assignments, and ③ lack of participation in class discussions are three assurances of a failing grade.

세 개의 단락으로 구성되어 있는 에세이는 본론 단락이 하나만 있으므로 Topic sentence도 하나뿐입니다. 하지만 Thesis statement에서 Blueprinting을 통해 세 개의 Topic을 제시했으므로 본론 단락에서 세 개의 Sub-topic sentences를 찾아볼 수 있죠.

My Preferred Teaching Style

(written by an English teacher participating in a teacher training program)

Looking back on our school years, we all have memories of teachers who left lasting impressions on us with their unique teaching styles. Needless to say, everyone has his or her own preferred teaching style for various reasons. For one, I prefer learning in an entertaining way because it is more effective, it helps build relationships, and it allows for more student involvement.

First, a stimulating lesson has a hook to engage learners and, as a result, makes the learner more open to learning, thereby improving its effectiveness. A creative teacher uses various activities such as games, songs, and drama. This teaching style seems to improve my retention rate and my performance in class. For instance, I seem to understand better the meanings of words and phrases that I learned through songs and drama. I also remember words that I encountered in games much better than the ones I simply read in a book. This implies that the fun factor in the classroom is crucial to the efficacy of a lesson. Of course, an enjoyable lesson has more to it than just efficacy.

Second, an entertaining lesson helps students form a stronger bond with their teacher. During my high school years, I was able to form a good rapport with the teachers who led lessons in an enjoyable way more easily and quickly than with the teachers who used a more formal teaching style. So it is clear how important building a good rapport must be for young children who are just starting school. They are more likely to be open to their teachers and to what they are taught if they are having fun in class. I believe that building a good rapport between the teacher and the students is very important because learning is not a mechanical process: its success largely relies on human relationships.

Finally, an engaging class allows for more student involvement. The key to successful learning is how much learners get involved during a lesson. In college, whenever I had to sit through a long-winded lecture, I could not help falling asleep midway through the lecture. In contrast, I really enjoyed classes that had me involved in the learning process. For example, I still remember a lot of what I learned in my history course because I had to do research and write a report in advance and present it in class. The professor for this course was far from humorous, but he gave us the opportunity to become involved in the learning process. The bottom line is that even a serious teacher can make a lesson fun and enjoyable for students, regardless of the subject being taught.

In a nutshell, an entertaining teaching style brings forth successful learning by using diverse activities, building relationships between the teacher and the students, and increasing student involvement. So, why make it so serious? Learning should be fun!

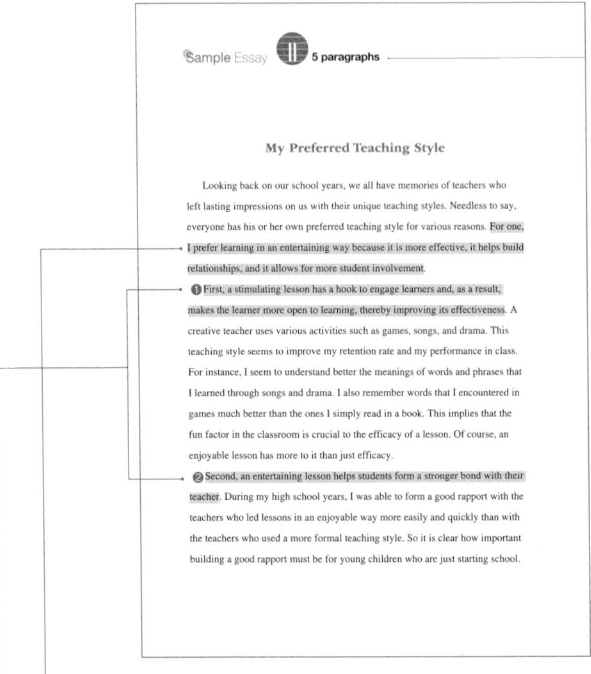

Sample Essay II 5 paragraphs

My Preferred Teaching Style

Looking back on our school years, we all have memories of teachers who left lasting impressions on us with their unique teaching styles. Needless to say, everyone has his or her own preferred teaching style for various reasons. For one, I prefer learning in an entertaining way because it is more effective, it helps build relationships, and it allows for more student involvement.

❶ First, a stimulating lesson has a hook to engage learners and, as a result, makes the learner more open to learning, thereby improving its effectiveness. A creative teacher uses various activities such as games, songs, and drama. This teaching style seems to improve my retention rate and my performance in class. For instance, I seem to understand better the meanings of words and phrases that I learned through songs and drama. I also remember words that I encountered in games much better than the ones I simply read in a book. This implies that the fun factor in the classroom is crucial to the efficacy of a lesson. Of course, an enjoyable lesson has more to it than just efficacy.

❷ Second, an entertaining lesson helps students form a stronger bond with their teacher. During my high school years, I was able to form a good rapport with the teachers who led lessons in an enjoyable way more easily and quickly than with the teachers who used a more formal teaching style. So it is clear how important building a good rapport must be for young children who are just starting school.

Ⓐ **Thesis statement**

For one, I prefer learning in an entertaining way because ① it is more effective, ② it helps build relationships, and ③ it allows for more student involvement.

Ⓑ **Topic sentences ① & ②**

① First, a stimulating lesson has a hook to engage learners and, as a result, makes the learner more open to learning, thereby improving its effectiveness.

② Second, an entertaining lesson helps students form a stronger bond with their teacher.

They are more likely to be open to their teachers and to what they are taught if they are having fun in class. I believe that building a good rapport between the teacher and the students is very important because learning is not a mechanical process: its success largely relies on human relationships.

❸ Finally, an engaging class allows for more student involvement. The key to successful learning is how much learners get involved during a lesson. In college, whenever I had to sit through a long-winded lecture, I could not help falling asleep midway through the lecture. In contrast, I really enjoyed classes that had me involved in the learning process. For example, I still remember a lot of what I learned in my history course because I had to do research and write a report in advance and present it in class. The professor for this course was far from humorous, but he gave us the opportunity to become involved in the learning process. The bottom line is that even a serious teacher can make a lesson fun and enjoyable for students, regardless of the subject being taught.

In a nutshell, an entertaining teaching style brings forth successful learning by using diverse activities, building relationships between the teacher and the students, and increasing student involvement. So, why make it so serious? Learning should be fun!

Ⓑ Topic sentence ③

③ Finally, an engaging class allows for more student involvement.

Ⓒ Thesis statement 반복

In a nutshell, an entertaining teaching style brings forth successful learning by ① using diverse activities, ② building relationships between the teacher and the students, and ③ increasing student involvement.

A View of American Values

(written by an international graduate student at MIT)

When I first heard my American friends admiring the long history of China, I felt uneasy, although I had great pride in Chinese culture. The United States is like a new born baby compared with China, but no one can deny the fact that it has been leading the whole world for more than half a century. What made it possible for this magical land to grow into a super power in just 300 years? After living here for three months, I can now see America in a whole new light and have found three remarkable American values: individual freedom, self-reliance, and hard work.

As conveyed by the Statue of Liberty, individual freedom is taken as the symbol of the United States. Since it was written into the First Amendment, freedom has been lying in the hearts of Americans with the highest honor. Many dramatic examples show how Americans insist on freedom everywhere. People can express their opinions on anything and at any time even when the person being talked about is the president. In a victory for students' free speech rights, a federal judge has ruled that a teenager who was prohibited from wearing a t-shirt with a picture of President Bush that read "International Terrorist" must be allowed to wear the shirt to school. It is difficult to say whether or not this kind of free rights is healthy for the whole society, but as far as an individual is concerned, the free atmosphere magnifies personalities, abilities, desires, and ideals. This may be why most Americans are enthusiastic about their work, studies, and lives. In China, however, everyone is urged to do something that is accepted by society. It is no wonder that many Chinese people are somewhat cold and detached from what they are doing. America is neither heaven nor hell, but it is definitely a land where freedom is most protected and respected.

Self-reliance, as the necessary condition for freedom, is also crucial to Americans. The simplest example of self-reliance is the fact that most Americans choose to live on their own as soon as they graduate from college or even high school. In contrast, youths in China tend to live with their parents until they get married at the cost of losing some of their freedom. In America, many students pay their tuitions by working in the lab or in the library. When facing difficulties, they seldom complain or pour out their unhappiness to their friends or parents. Instead, most of them choose to play sports or music to relax, and they become more energetic and optimistic to face the difficulties. Because they recognize the value of self-reliance, Americans respect those who began with nothing and relied solely on their personal efforts to become successful in life. This kind of appreciation of self-reliance, in turn, encourages people to work hard; thus, self-reliance is the lifeline of the United States.

In many countries, hard work is a tradition or habit; in America, the striking thing is their high spirits while they are working. During my first days at MIT, most people I had interaction with were administrative staff. Regardless of whether their work was trivial or important and their position high or low, they all showed great enthusiasm, patience, and courtesy. I was deeply impressed by their attitudes toward their work and the resulting efficiency. Obviously, they all loved their work and enjoyed the delight of working. I have to admit that this condition is not common in China, where many people work in low spirits or even in depression. How can we expect to get the same results out of work when people are not enjoying their work? I like the American-style hard work because it invigorates the whole country.

If you like, you can imagine America as an eagle. Freedom enables its wings, light and soft; self-reliance makes the bones strong enough to support its wings. It is so ambitious and devoted to flying, what can prevent it from flying high in the sky? You can love it or hate it, but you cannot look down on it. This is the first thing I have learned from living in the United States and experiencing American culture firsthand.

Sample Essay III **5 paragraphs**

A View of American Values

When I first heard my American friends admiring the long history of China, I felt uneasy, although I had great pride in Chinese culture. The United States is like a new born baby compared with China, but no one can deny the fact that it has been leading the whole world for more than half a century. What made it possible for this magical land to grow into a super power in just 300 years? After living here for three months, I can now see America in a whole new light and have found three remarkable American values: individual freedom, self-reliance, and hard work.

❶ As conveyed by the Statue of Liberty, individual freedom is taken as the symbol of the United States. Since it was written into the First Amendment, freedom has been lying in the hearts of Americans with the highest honor. Many dramatic examples show how Americans insist on freedom everywhere. People can express their opinions on anything and at any time even when the person being talked about is the president. In a victory for students' free speech rights, a federal judge has ruled that a teenager who was prohibited from wearing a t-shirt with a picture of President Bush that read "International Terrorist" must be allowed to wear the shirt to school. It is difficult to say whether or not this kind of free rights is healthy for the whole society, but as far as an individual is concerned, the free atmosphere magnifies personalities, abilities, desires, and

Ⓐ **Thesis statement**

After living here for three months, I can now see America in a whole new light and have found three remarkable American values: ① individual freedom, ② self-reliance, and ③ hard work.

Ⓑ **Topic sentence ①**

① As conveyed by the Statue of Liberty, individual freedom is taken as the symbol of the United States.

ideals. This may be why most Americans are enthusiastic about their work, studies, and lives. In China, however, everyone is urged to do something that is accepted by society. It is no wonder that many Chinese people are somewhat cold and detached from what they are doing. America is neither heaven nor hell, but it is definitely a land where freedom is most protected and respected.

❷ Self-reliance, as the necessary condition for freedom, is also crucial to Americans. The simplest example of self-reliance is the fact that most Americans choose to live on their own as soon as they graduate from college or even high school. In contrast, youths in China tend to live with their parents until they get married at the cost of losing some of their freedom. In America, many students pay their tuitions by working in the lab or in the library. When facing difficulties, they seldom complain or pour out their unhappiness to their friends or parents. Instead, most of them choose to play sports or music to relax, and they become more energetic and optimistic to face the difficulties. Because they recognize the value of self-reliance, Americans respect those who began with nothing and relied solely on their personal efforts to become successful in life. This kind of appreciation of self-reliance, in turn, encourages people to work hard; thus, self-reliance is the lifeline of the United States.

❸ In many countries, hard work is a tradition or habit; in America, the striking thing is their high spirits while they are working. During my first days at MIT, most people I had interaction with were administrative staff. Regardless of whether their work was trivial or important and their position high or low, they all showed great enthusiasm, patience, and courtesy. I was deeply impressed by their attitudes toward their work and the resulting efficiency. Obviously, they all

Ⓑ **Topic sentences** ② & ③

② Self-reliance, as the necessary condition for freedom, is also crucial to Americans.

③ In many countries, hard work is a tradition or habit; in America, the striking thing is their high spirits while they are working.

Sample Essay III

loved their work and enjoyed the delight of working. I have to admit that this condition is not common in China, where many people work in low spirits or even in depression. How can we expect to get the same results out of work when people are not enjoying their work? I like the American-style hard work because it invigorates the whole country.

If you like, you can imagine America as an eagle. Freedom enables its wings, light and soft; self-reliance makes the bones strong enough to support its wings. It is so ambitious and devoted to flying, what can prevent it from flying high in the sky? You can love it or hate it, but you cannot look down on it. This is the first thing I have learned from living in the United States and experiencing American culture firsthand.

Ⓒ **Thesis statement 반복**

① Freedom enables its wings, light and soft; ② self-reliance makes the bones strong enough to support its wings. ③ It is so ambitious and devoted to flying, what can prevent it from flying high in the sky?

The Forgotten Value of Films

(written by an undergraduate student at UCLA)

Why do people watch movies? What are the intentions of moviemakers, and what do moviegoers expect to get out of movies? The main purpose of going to the movies seems obvious to everybody: entertainment. Moviemakers make movies to make money; moviegoers go to the movies to be entertained. Movies, however, can not only provide us with entertainment but also teach us valuable lessons about our society. *Color of Fear*, directed by a Chinese-American named Wah, aptly serves as an educational medium by addressing racial issues such as the identity of Americans, white oppression, and misplaced rage.

Wah invites two Mexican-Americans, two whites, two blacks, one Chinese-American, and one Japanese-American to his cabin to discuss various issues regarding race. Wah knows all the guests, but the guests are not familiar with one another. Most of the guests, especially the two blacks, are hesitant about having this meeting. The meeting begins by introducing themselves to the others. As each starts expressing his suspicion of the meeting's validity, the initial awkwardness starts to vanish. Soon the focus of the conversation is placed on white oppression on minorities, especially blacks. One of the two black men accuses white oppression as the main culprit of the racial crisis in our society; one of the two white men denies the accusation. The others pitch in, but the white male is adamant in his position, dismissing all the stories and examples as their own imaginations. After an onslaught of the undeniable examples of white oppression cited by the others, he reveals his father's racist upbringing of him and acknowledges the existence of racism.

They proceed to talk about the tension between different ethnic groups of the minority: African-Americans vs. Asians, Hispanics vs. Asians, and the Chinese vs. the Japanese. By doing so, they discover that some of the tensions emanate from the misplaced rage and mere misunderstandings of each other. By this time, the initial awkwardness and skepticism have completely disappeared. Each participant leaves the cabin with peace in his mind, hoping that his candor shown in the film will bring a ripple effect big enough to have a positive impact on our society's racial problems.

One of the issues dealt in this film is the identity of Americans. One of the two white men grumbles that all ethnic groups in America should refer to themselves as Americans instead of African-Americans, Chinese-Americans, Japanese-Americans, or Latino-Americans. In response to this suggestion, a Chinese-American says that he cannot call himself just a plain, simple American because if he did so, then he would forget his ancestors and where he came from and, consequently, lose his sense of identity. West, in his article "Learning to Talk of Race," argues that some people believe that only certain Americans can define what it means to be American—and the rest must simply fit in. *Color of Fear* is right on the mark in proving this argument: Dominant Americans, namely whites, constantly try to put the rest under one category of "Americans" defined only in their own terms.

Moreover, yet another twist on the racism of our society is disclosed by this film. Lorde points out, in her article "Age, Race, Class, and Sex: Women Redefining Difference," it is the responsibility of the oppressed to teach the oppressors their mistakes. In *Color of Fear*, all the other participants, including the other white male, try to teach one white male the reality of white oppression. Lorde also contends that the main cause of racism is our refusal to recognize our differences. When one of the two white men keeps arguing, "Why don't you be like us? I don't see the difference between you and me," he obviously refuses to recognize the differences between whites, the oppressors, and minorities, the oppressed.

Color of Fear, furthermore, divulges blacks' misplaced rage on Latinos and Asians, especially on Koreans, which has manifested itself in the 1992 Los Angeles riot. One of the two black men discloses the main cause of blacks' antagonism towards Asians: the constant comparison made by whites between blacks and the model minority, Asians, "Why can't you blacks be like Asians?" One of the two Latinos also points out blacks' misplaced rage on Latinos with an account of the hostile confrontation he has experienced with a black man. We have to understand that the purpose of revealing the misplaced rage is not to put all the blames on whites. Rather, the purpose is to guide us through many racial problems in our society stemming not from legitimate conflicts between racial groups but from mere misconceptions and misunderstandings.

Color of Fear is a good example of the movies made strictly for an educational purpose: It deals with the identity of Americans, white oppression, and misplaced rage. The purpose of these kinds of movies is to address various issues of our life, culture, and society and to examine them. Our simplistic view of films as a mere means of entertainment is flawed, and we ought to take advantage of the educational value of films more often.

Sample Essay IV 7 paragraphs

The Forgotten Value of Films

Why do people watch movies? What are the intentions of moviemakers, and what do moviegoers expect to get out of movies? The main purpose of going to the movies seems obvious to everybody: entertainment. Moviemakers make movies to make money; moviegoers go to the movies to be entertained. Movies, however, can not only provide us with entertainment but also teach us valuable lessons about our society. *Color of Fear*, directed by a Chinese-American named Wah, aptly serves as an educational medium by addressing racial issues such as the identity of Americans, white oppression, and misplaced rage.

Wah invites two Mexican-Americans, two whites, two blacks, one Chinese-American, and one Japanese-American to his cabin to discuss various issues regarding race. Wah knows all the guests, but the guests are not familiar with one another. Most of the guests, especially the two blacks, are hesitant about having this meeting. The meeting begins by introducing themselves to the others. As each starts expressing his suspicion of the meeting's validity, the initial awkwardness starts to vanish. Soon the focus of the conversation is placed on the white oppression on minorities, especially the blacks. One of the two black men accuses the white oppression as the main culprit of the racial crisis in our society; one of the two white men denies the accusation. The others pitch in, but the white male is adamant in his position, dismissing all the stories and examples as their own imaginations. After an onslaught of the undeniable examples of the

Ⓐ **Thesis statement**

Color of Fear, directed by a Chinese-American named Wah, aptly serves as an educational medium by addressing racial issues such as ① the identity of Americans, ② white oppression, and ③ misplaced rage.

white oppression cited by the others, he reveals his father's racist upbringing of him and acknowledges the existence of racism.

They proceed to talk about the tension between different ethnic groups of the minority: African-Americans vs. Asians, Hispanics vs. Asians, and the Chinese vs. the Japanese. By doing so, they discover that some of the tensions emanate from the misplaced rage and mere misunderstandings of each other. By this time, the initial awkwardness and skepticism have completely disappeared. Each participant leaves the cabin with peace in his mind, hoping that his candor shown in the film will bring a ripple effect big enough to have a positive impact on our society's racial problems.

❶ One of the issues dealt in this film is the identity of Americans. One of the two white men grumbles that all ethnic groups in America should refer to themselves as Americans instead of African-Americans, Chinese-Americans, Japanese-Americans, or Latino-Americans. In response to this suggestion, a Chinese-American says that he cannot call himself just a plain, simple American because if he did so, then he would forget his ancestors and where he came from and, consequently, lose his sense of identity. West, in his article "Learning to Talk of Race," argues that some people believe that only certain Americans can define what it means to be American—and the rest must simply fit in. *Color of Fear* is right on the mark in proving this argument: Dominant Americans, namely whites, constantly try to put the rest under one category of "Americans" defined only in their own terms.

❷ Moreover, yet another twist on the racism of our society is disclosed by this film. Lorde points out, in her article "Age, Race, Class, and Sex: Women

Ⓑ **Topic sentences** ① & ②

① One of the issues dealt in this film is the identity of Americans.

② Moreover, yet another twist on the racism of our society is disclosed by this film.

Sample Essay Ⅳ

Redefining Difference," it is the responsibility of the oppressed to teach the oppressors their mistakes. In *Color of Fear*, all the other participants, including the other white male, try to teach one white male the reality of white oppression. Lorde also contends that the main cause of racism is our refusal to recognize our differences. When one of the two white men keeps arguing, "Why don't you be like us? I don't see the difference between you and me," he obviously refuses to recognize the differences between whites, the oppressors, and minorities, the oppressed.

❸ *Color of Fear*, furthermore, divulges the blacks' misplaced rage on Latinos and Asians, especially on Koreans, which has manifested itself in the 1992 Los Angeles riot. One of the two black men discloses the main cause of the blacks' antagonism towards Asians: the constant comparison made by whites between blacks and the model minority, Asians, "Why can't you blacks be like Asians?" One of the two Latinos also points out the black's misplaced rage on Latinos with an account of the hostile confrontation he has experienced with a black man. We have to understand that the purpose of revealing the misplaced rage is not to put all the blames on whites. Rather, the purpose is to guide us through many racial problems in our society stemming not from legitimate conflicts between racial groups but from mere misconceptions and misunderstandings.

Color of Fear is a good example of the movies made strictly for an educational purpose: It deals with the identity of Americans, white oppression, and misplaced rage. The purpose of these kinds of movies is to address various issues of our life, culture, and society and to examine them. Our simplistic view of films as a mere means of entertainment is flawed, and we ought to take advantage of the educational value of films more often.

Ⓑ **Topic sentence ③**

③ *Color of Fear*, furthermore, divulges blacks' misplaced rage on Latinos and Asians, especially on Koreans, which has manifested itself in the 1992 Los Angeles riot.

Ⓒ **Thesis statement 반복**

Color of Fear is a good example of the movies made strictly for an educational purpose: It deals with ①the identity of Americans, ②white oppression, and ③misplaced rage.

Sample Essay Ⅳ가 일곱 개의 단락으로 되어 있는 이유는 처음 두 개의 본론 단락이 영화 〈Color of Fear〉의 줄거리를 서술하고 있기 때문입니다. 수업 시간에 영화를 보거나 문학 작품을 읽은 뒤 과제로 제출하는 에세이에서 학생들이 가장 많이 하는 실수 중 하나가 영화나 문학 작품의 설명을 전혀 하지 않는 것입니다. 선생님도 아는 작품이기 때문에 설명을 할 필요가 없다고 생각하는 것이죠. 하지만 영화나 문학 작품에 대한 에세이를 쓸 때에는 그 작품에 대해 전혀 모르는 사람이 읽어도 이해가 될 수 있도록 써야 합니다. 이 Sample Essay에서는 영화의 줄거리를 자세하게 두 단락에 걸쳐 서술하였지만 그렇게 하지 않고 서론에 아주 간략하게 한두 줄로 작품에 대한 언급 또는 설명을 해도 됩니다. 가장 중요한 것은 에세이를 읽는 독자가 선생님만이 아니라는 것을 명심하고 어떤 작품에 대한 에세이인지를 명시해야 한다는 것이죠.

대학에서 피해야 할 세 가지 함정

오늘날 많은 학생들에게 있어 대학에 가는 것은 특권이지만, 이들 중 몇몇 학생들은 수업에서의 의무를 다하려고 노력하지 않는다. 그 결과, 그들은 수업에서 낙제한다. 수업에서 낙제하는 것은 누구에게나 충격적인 경험이다. 하지만 이것은 낮은 출석률이나 과제 미완성, 토론 수업에 참여하지 않는 것과 같은 나쁜 습관들을 버림으로써 피할 수 있다.

만약 학생들이 대학 수업에서 낙제하기를 원하지 않는다면 피해야 할 세 가지 중요한 함정(사항)이 있다. 첫째로, 학생들은 모든 수업에 참석해야 한다. 강의에 빠지면 학생들은 도표와 예시들이 포함될 수도 있는 귀중한 정보를 놓치게 된다. 이런 정보 없이 학생들은 특정 주제에 초점을 맞춘 시험을 잘 치루지 못할 것이다. 둘째, 학생들은 모든 과제를 끝마쳐야 한다. 만약 과제를 미완성하거나 완전히 무시한다면, 학생들은 배운 기술을 연습하고 익혔다는 것이나 이해했음을 증명할 기회를 얻지 못한다. 마지막으로, 모든 학생들은 토론 수업에 참여해야만 한다. 학생들이 흥미가 없어 보이거나 강사의 질문에 반응이 없을 때, 강사들은 학생들이 수업 내용을 지루해한다고 믿을 가능성이 높아지고, 이것은 결국 성적에 반영된다.

모든 학생들은 낙제를 원치 않는 한 대학 수업을 등록할 때 그것을 완수해야 할 책임이 있다. 저조한 출석, 과제 미완수, 그리고 토론 수업에서의 참여 부재는 낙제를 보장하는 세 가지 행동이다. 만약 이러한 세 가지 나쁜 습관을 피한다면, 좋은 성적을 얻을 확률이 높다.

내가 선호하는 교수 방식

학창 시절을 회상해 보면, 우리는 모두 독특한 교수 방식으로 오랜 인상을 남긴 선생님들에 대한 기억을 가지고 있다. 두말할 필요 없이, 모든 사람은 다양한 이유로 자신만의 선호하는 교수 방식이 있다. 한 가지 예로 나는 재미있게 배우는 것을 선호하는데, 그것이 더 효과적이고 친해지는 데 도움이 되며, 더 많은 학생 참여를 불러일으키기 때문이다.

첫째, 흥미로운 수업은 학습자들을 사로잡는 매력이 있는데, 그 결과 그들이 배우는 데 더 열린 마음을 갖게 하고 그럼으로써 학습의 효과를 향상시키다. 창의적인 교사는 게임, 노래, 드라마와 같은 다양한 방법들을 사용한다. 이러한 교수 방식은 나의 기억력과 수업 성과를 향상시키는 것 같다. 예를 들어, 나는 노래와 드라마를 통해 배웠던 단어들과 구문들의 의미를 더 잘 이해하는 것 같다. 나는 또한 내가 게임을 하면서 접한 단어들을 단순히 책에서 본 단어들 보다 더 잘 기억한다. 이것은 교실에서 재미라는 요소가 수업의 효율성에 중요하다는 것을 함축한다. 물론, 재미있는 수업은 단순한 효율성 이상의 의미가 있다.

둘째, 재미있는 수업은 학생들이 교사와 더 강한 유대감을 형성하도록 도와준다. 고등학교 시절에 나는 형식적인 교수 방식을 사용했던 선생님보다 즐길 수 있는 방식으로 수업을 했던 선생님들과 더 쉽고 빠르게 좋은 관계(rapport)를 형성할 수 있었다. 그러므로 좋은 관계를 맺는 것이 학교를 막 들어간 어린 학생들에게 얼마나 중요한지는 명백하다. 아이들이 수업시간에 즐거우면, 그들은 교사들과 그들이 배우고 있는 것에 좀 더 마음을 열 것이다. 나는 교사와 학생 사이에 좋은 관계를 형성하는 것이 매우 중요하다고 믿는데, 그것은 학습이란 기계적인 과정이 아니기 때문이다. 학습에서의 성공 여부는 대개 인간관계에 의존한다.

마지막으로, 흥미로운 수업은 더 많은 학생 참여를 유도한다. 성공적인 학습의 열쇠는 학생들이 얼마나 수업 시간에 참여하는가에 있다. 대학에서 길고 지루한 강의 시간 내내 앉아 있어야 할 때마다, 나는 강의 중에 졸지 않을 수 없었다. 반면, 학습 과정에 나를 참여하게 한 수업들은 정말 즐거웠다. 예를 들어, 나는 역사 시간에 배웠던 많은 것들을 아직도 기억하는데, 왜냐하면 미리 조사를 하고 리포트를 쓰고 그것을 수업 시간에 발표해야 했기 때문이다. 이 수업의 교수님은 유머 감각이 뛰어난 것은 아니었지만 우리가 학습 과정에 참여할 수 있는 기회를 주었다. 결국 진지한 교사도 가르치는 과목에 상관없이 수업을 즐겁고 신나게 만들 수 있다는 것이다.

요약하자면, 재미있는 교수 방식은 다양한 활동들을 사용하고 교사와 학생 사이에 관계를 형성하고 학생 참여를 증가시킴으로써 성공적인 학습을 이끌어 낸다. 그런데 왜 그렇게 딱딱하게 수업을 하는가? 배움은 재미있어야 한다.

미국적 가치에 대한 견해

처음 미국인 친구들이 중국의 오랜 역사에 대해 감탄하는 것을 들었을 때, 나는 비록 중국 문화에 대해 굉장한 자부심을 가지고 있긴 했지만 불편함을 느꼈다. 미국은 중국과 비교했을 때 새로 태어난 아기와 같다. 그러나 아무도 미국이 반세기 이상 전 세계를 이끌어 왔음을 부인할 수 없다. 무엇이 이 마법 같은 땅을 단 300년 만에 최강국으로 성장하도록 만들었을까? 세 달간 여기에 살고나니 나는 이제 완전히 새로운 시각으로 미국을 볼 수 있게 되었고, 세 가지 놀랄 만한 미국적 가치를 발견했다. 개인의 자유, 자립심, 그리고 근면이다.

자유의 여신상이 보여 주는 것처럼, 개인의 자유는 미국의 상징으로 간주된다. 그것이 수정 헌법 제1조에 포함된 이후로 자유는 최고의 영예로 미국인들의 가슴에 자리 잡아 오고 있다. 미국인들이 어떻게 어디에서나 자유를 주장하는지 보여 주는 극적인 예들은 많이 있다. 사람들은 어떤 것에 대해서든 그들의 의견을 표현할 수 있으며, 심지어 화제가 되는 사람이 대통령일 때에도 그렇다. 학생들의 자유 연설에 대한 권리의 승리에서 연방 판사는, '국제 테러리스트'라고 적힌 부시 대통령의 사진이 찍힌 티셔츠를 입지 못하도록 금지당했던 한 십대가 학교에 그 셔츠를 입고 가는 것은 허용되어야 한다고 판결했다. 이러한 종류의 자유권이 전체 사회를 위해 유익한지에 대해서는 말하기 어렵다. 하지만 개인에게 있어 자유로운 분위기는 성격, 능력, 열망, 그리고 이상들을 확대시킨다. 이것이 대부분의 미국인들이 그들의 일, 공부, 그리고 삶에 대해 열정적인 이유일지도 모른다. 그러나 중국에서는 모두가 사회에 의해 받아들여지는 것만 하도록 강요당한다. 많은 중국 사람들이 다소 차갑고 그들이 하고 있는 것으로부터 거리를 두는 것은 이상한 일이 아니다. 미국은 천국도 지옥도 아니지만 자유가 가장 보호되고 존중받는 땅인 것은 분명하다.

자유를 위한 필수 조건인 자립심 역시 미국인들에게 중요하다. 자립심의 가장 단순한 예는 대다수의 미국인들이 그들이 대학을 졸업하자마자, 혹은 심지어 고등학교를 졸업하자마자 그들 혼자 살기를 선택한다는 사실일 것이다. 이와 대조적으로, 중국에서는 젊은이들이 결혼할 때까지 그들의 자유의 일부를 포기하고 부모와 함께 사는 경향이 있다. 미국에서 많은 학생들은 연구실이나 도서관에서 일하며 그들의 수업료를 지불한다. 어려움이 닥쳤을 때 그들은 친구들이나 부모에게 그들의 불행에 대해 좀처럼 불평하거나 쏟아놓지 않는다. 대신 그들의 대부분은 휴식을 취하기 위해 운동을 하거나 음악을 듣는데, 그럼으로써 더 활기차고 긍정적이 되어 어려움들을 직면해 나간다. 미국인들은 자립심의 가치를 인정하기 때문에 아무것도 없이 시작해서 오로지 자신의 노력에 의존하여 성공한 사람들을 존경한다. 자립심에 대한 이런 식의 평가는 결국 사람들이 열심히 일하도록 한다. 그래서 자립심은 미국의 생명줄인 것이다.

여러 나라에서 근면은 전통 혹은 습관이다. 하지만 미국에서 눈에 띄는 점은 일하는 동안에 보이는 긍정적 태도다. MIT에서의 처음 며칠 동안 내가 대했던 대부분의 사람들은 행정 직원들이었다. 그들의 업무가 사소하든 중요하든, 그들의 직책이 높고 낮음에 상관없이 그들은 모두 대단한 열정, 인내 그리고 예의를 보여 줬다. 나는 그들의 일에 대한 태도와 그것의 결과로 오는 효율성에 깊이 감명을 받았다. 명백하게, 그들은 모두 자신의 일을 사랑했고 일하는 기쁨을 즐겼다. 나는 이러한 상황이 중국에서는 흔하지 않다는 것을 인정하지 않을 수 없다. 중국에서는 많은 사람들이 열정이 없거나 심지어 우울해 하면서 일을 한다. 우리가 어떻게 사람들이 자신의 일을 즐기지 않고 있을 때 똑같은 결과를 기대할 수 있을까? 나는 미국식의 근면함을 좋아하는데 그것이 나라 전체에 활기를 불러일으키기 때문이다.

당신이 좋다면, 당신은 미국을 독수리로 상상해 볼 수도 있다. 자유는 독수리의 날개를 가볍고 부드럽게 한다. 자립심은 뼈가 날개를 지탱할 수 있을 만큼 충분히 강하게 한다. 독수리는 나는 것에 대해 너무나 야심차고 헌신적이다. 무엇이 그것이 하늘 높이 날아오르는 것을 막을 수 있을까? 당신은 그것을 사랑할 수도 싫어할 수도 있지만 그것을 얕볼 수는 없다. 이것이 내가 미국에서 살고 직접적으로 미국의 문화를 경험하면서 배운 첫 번째 교훈이다.

영화의 잊혀진 가치

왜 사람들은 영화를 볼까? 영화 제작자들의 의도는 무엇이며 영화를 보러 가는 사람들은 영화로부터 무엇을 기대할까? 영화를 보는 주된 목적은 모두에게 명백해 보인다. 바로 즐거움이다. 영화 제작자들은 돈을 벌기 위해 영화를 만들고 영화광들은 즐거움을 얻기 위해 영화를 본다. 그러나 영화는 단지 오락을 제공할 뿐 아니라 우리에게 사회에 대한 귀중한 교훈을 준다. 중국계 미국인인 Wah가 연출한 영화 〈두려움의 색〉은 미국인의 정체성, 백인들의 탄압, 그리고 잘못된 분노와 같은 인종 문제를 다룸으로써 교육적 매체로서의 기능을 적절히 수행한다.

Wah는 다양한 인종 문제를 토론하기 위하여 두 명의 멕시코계 미국인, 두 명의 미국인, 두 명의 흑인, 한 명의 중국계 미국인, 그리고 한 명의 일본계 미국인을 그의 오두막에 초대한다. 손님들의 대부분, 특히 두 명의 흑인들은 이 모임에 참석하는 것을 망설인다. 모임은 다른 사람들에게 자기 자신을 소개하면서 시작된다. 각자 그 모임의 타당성에 대한 의심을 표출하기 시작하면서 처음의 어색함은 사라지기 시작했다. 곧 대화의 초점은 소수집단, 특히 흑인에 대한 백인들의 억압에 맞춰진다. 두 명의 흑인 중 한 명은 백인의 억압을 우리 사회의 인종적 위기의 장본인으로 꼽는다. 두 명의 백인 중 한 명(남자)은 그러한 혐의를 부인한다. 나머지 사람들도 한몫 거들지만 그 백인 남자는 그 모든 이야기들과 예들이 그들의 상상력이라고 일축하면서 그의 입장을 고수한다. 다른 사람들에 의해 거론된 백인들의 억압에 대한 부인할 수 없는 예들의 맹공격 후에, 그는 그의 아버지가 인종 차별주의적 교육을 했었다는 것을 드러내며 인종 차별주의가 있었음을 인정한다.

그들은 계속해서 아프리카계 미국 흑인 대 아시아인, 라틴계 미국인 대 아시아인, 그리고 중국인 대 일본인 등의 다른 소수 민족들 사이의 긴장감에 대해 이야기를 나눈다. 그렇게 함으로써 그들은 그 긴장감의 일부가 잘못된 분노와 서로에 대한 단순한 오해에서 비롯됐음을 발견한다. 이때쯤엔 처음의 어색함과 회의론은 완전히 사라졌다. 각각의 참가자들은 영화 속에 보이는 그의 솔직함이 우리 사회의 인종 문제에 긍정적인 영향을 끼칠 만큼 충분히 큰 파급 효과를 가져올 것이라 기대하면서 평화로운 마음으로 그 오두막을 떠난다.

이 영화에서 다뤄지는 이슈 중 하나는 미국인들의 정체성이다. 두 명의 백인 남자 중 한 명은 미국에 있는 모든 인종 집단이 그들 자신을 아프리카계 미국인, 중국계 미국인, 일본계 미국인, 혹은 라틴계 미국인이라고 일컫는 대신에 그냥 미국인이라고 불러야 한다고 투덜거린다. 이러한 제안에 대하여 중국계 미국인은 그 자신을 단지 평범하고 단순한 미국인이라고 부를 수 없다고 말하는데, 만약 그가 그렇게 한다면 그는 자신의 조상들과 자신이 어디에서 왔는지를 잊게 될 것이고, 결과적으로 정체성을 잃어버릴 것이기 때문이다. 그의 글 〈인종에 대해 말하는 법〉에서 West는 몇

몇 사람들은 오직 특정한 미국인들만이 미국인이 되는 것이 무엇을 의미하는지를 정의할 수 있고, 그 외의 나머지는 단순히 그것에 맞춰야만 한다고 믿는다고 주장하였다. 영화 〈두려움의 색〉은 정곡을 찌르며 이러한 주장을 입증한다. 지배하는 미국인들, 즉 백인들은 끊임없이 오직 그들 자신의 용어로 정의된 '미국인들'이라는 하나의 범주 안에 나머지를 집어넣으려고 한다.

또한 이 영화는 우리 사회의 인종 차별주의에 대해 남아 있는 또 다른 반전을 폭로한다. Lorde는 그녀의 글 〈나이, 인종, 계급, 그리고 성별: 차이를 재정의하는 여자들〉에서 억압하는 자에게 그들의 잘못을 가르치는 것은 억압받는 이들의 몫이라고 지적한다. 〈두려움의 색〉에서 다른 백인 남자를 포함한 모든 참가자들은 백인 남자 한 명에게 백인들의 억압에 대한 현실을 가르치려고 노력한다. 또한 Lorde는 인종 차별주의의 주된 요인은 바로 우리 자신이 우리의 다른 점들을 인정하지 않는 것이라고 주장한다. 두 명의 백인 남자 중 한 명이 계속해서 "왜 너는 우리처럼 되지 않니? 나는 너와 나 사이의 차이를 모르겠어."라며 주장할 때, 그는 명백하게 억압하는 백인들과 억압당하는 소수 민족들 사이의 차이를 인정하지 않는 것과 같다.

더 나아가 〈두려움의 색〉은 라틴계와 아시아인, 특히 한국인을 향한 흑인들의 잘못된 분노를 폭로한다. (이는 1992년 로스앤젤레스에서 표출되었다.) 두 명의 흑인 남자 중 한 명은 아시아인들을 향한 흑인들의 적대감의 주된 이유를 폭로한다. "왜 너희 흑인들은 아시아인처럼 될 수 없니?"와 같은, 백인들에 의한 흑인들과 소수 인종, 특히 아시아인들과의 끊임없는 비교가 그것이다. 두 명의 라틴계 남자 중 한 명 역시 그가 흑인 남자에게 경험했던 적대적인 대립의 이야기를 하면서, 라틴인에 대한 흑인들의 잘못된 분노를 지적한다. 여기서 우리는 잘못된 분노를 드러내는 목적이 백인들에게 모든 비난을 전가하기 위해서가 아니라는 것을 이해해야 한다. 오히려 그 목적은 우리를 인종 간 적법한 갈등에서 온 것이 아닌 단순한 오해와 착오로부터 온, 우리 사회의 많은 인종 문제들을 통해 인도하는 것이다.

미국인들의 정체성, 백인들의 억압, 그리고 잘못된 분노를 다루는 영화 〈두려움의 색〉은 오로지 교육적 목적을 위해 만들어진 영화들의 한 좋은 예이다. 이런 종류의 영화의 목적은 우리의 삶, 문화, 그리고 사회에서의 다양한 이슈들을 다루고 그것들을 점검하기 위한 것이다. 영화를 단순히 오락의 수단으로 보는 지나치게 단순한 견해는 결점이 있으므로 우리는 더 자주 영화를 교육적 가치를 위해 이용해야 한다.

Epilogue

On February 2, 1991, nine months after I set foot on the land of opportunity and two weeks after my younger brother and I ran away from home, I turned 18 in a motel somewhere near downtown L.A. We were high school dropouts and were worried about how we were going to make a living on our own. On June 12, 2003, 11 years after my first ESL class at Los Angeles City College, I received a Ph.D. in applied linguistics from UCLA, and now I'm back in Korea trying to help other Koreans struggling with the same obstacles that I once faced.

I immigrated from Seoul to L.A. when I was in 12th grade, and I spoke no English. I had studied English grammar four hours a week for five years in junior high and high school, but none of that mattered because English was taught not as a language but as a subject. Ten months after I went to the States, I found myself living in Koreatown alone with my younger brother, both of us having dropped out of high school.

I was packing newspapers at night, and my brother was working at a sweat shop downtown. Our life was one of survival, and the only thing that separated us from people living on the street was our bi-weekly $300 checks. I knew I had to get an education, a good one, if I was going to escape from this situation. So I started attending Los Angeles City College (LACC) about a year after I dropped out of high school.

In my first semester at LACC, I enrolled in an ESL class and an introductory health class called Health 11. My friend told me that all I needed to know to get an A in Health 11 was whether smoking was good or bad for my health. I believed him. I didn't understand anything in class, nor could I finish reading a sentence in the textbook without resorting to my dictionary constantly.

But I also kept in mind what my friend had said about getting an A in that class. About a month later, I took my first exam and failed miserably. I dropped the course and tried taking it again the next semester. I had to drop it again. I wasn't ready for anything but ESL classes, let alone college.

So I decided to join the army, believing that it was the only solution to both my financial and my educational predicaments. I was finally in an environment where everyone was speaking English, and I found it traumatic. So traumatic that I made up my mind never to study English. I hated English. I hated myself for trying too hard.

Less than two months after I joined the army, I found myself back in Koreatown, not knowing what do to. I had come full circle. I knew I had made the right choice getting out of the army, but I also knew everyone considered me a quitter. "I am not a quitter," I told myself.

Almost 20 years have passed since I left the army boot camp, during which time I finally got an A in Health 11, graduated *magna cum laude* from UC Berkeley, received an M.A. and a Ph.D. from UCLA, taught English to both undergraduate and graduate students at MIT for three years, and have directed the General Education English Program at Sogang University for the past four years.

I never would've written this book without the conviction that anybody can do what I've done. Don't let anybody fool you that you're not smart enough or too old to learn English. If you speak Korean, you can speak English too. You can also learn to write well in English. English is no rocket science: it's only a language, just like Korean.

Notes 주

1 Retrieved February 29, 2004, from http://www.go2online.com/webbrowser/indexMovies.cfm?movieAction=selectedReview&movieID=464

2 *Rules for Writers* by Diana Hacker 2009, p. 283

3 *The Grammar Book* by Celce-Murcia & Larsen-Freeman 1999, p. 530

4 Examples ⓐ, ⓑ, ⓒ, and ⓕ are from the novel *Having Our Say: The Delany Sisters' First 100 Years* by Delany, Delany, & Hearth 1993

5 *Rules for Writers* by Diana Hacker 2009, p. 293

6 Examples ⑦ and ⑧ are from the Brown Corpus.

7 *The Grammar Book* by Celce-Murcia & Larsen-Freeman 1999, p. 394

8 *The Essentials of English* by Ann Hogue 2003, p. 204

9 Retrieved February 29, 2004, from http://www.go2online.com/webbrowser/indexMovies.cfm?movieAction=selectedReview&movieID=464

10 Example ⑩ is from the Frown Corpus.

11 *Los Angeles Times* editorial: "A Blow to U.S. Education" 2002, June 28

12 Example is from the Frown Corpus.

13 *New York Times* editorial: "To the Reader" by Feyer 2003, September 14

14 *The Grammar Devotional: Daily Tips for Successful Writing from Grammar Girl* by Mignon Fogarty 2009, p. 20

15 *Rules for Writers* by Diana Hacker 2009, p. 293

16 *The Language Instinct: How the Mind Creates Language* by Steven Pinker 1994, p. 52

17 Example Ⓐ is from *Developmental Exercises to Accompany A Writer's Reference* by Van Goor & Hacker 1999, p. 68; example Ⓑ is from *Rules for Writers* by Diana Hacker 2009, p. 296

18 *Super Freakonomics* by Levitt & Dubner 2009, p. 3

19 *NY Times* editorial: "What the Monkeys Can Teach Humans about Making America Better" by Cohen 2003, September 21

20 *The Essentials of English* by Ann Hogue 2003, p. 211

21 *Rules for Writers* by Diana Hacker 2009, p. 297

22 *Justice: What's the Right Thing to Do?* by Michael Sandel 2009, p. 192

23 *The Myth of Sisyphus and Other Essays* by Albert Camus, translated from the French by Justin O'Brien 1991, p. 211

24 *Justice: What's the Right Thing to Do?* by Michael Sandel 2009, p. 112

25 Yoon, Jung Wan & Yoo, Isaiah WonHo. 2011, p. 237. An error analysis of English conjunctive adjuncts in Korean college students' writing. *English Teaching, 66*(1).

26 *Justice: What's the Right Thing to Do?* by Michael Sandel 2009, p. 129

27 *Spectrum* (Winter 2005) published by MIT (http://spectrum.mit.edu/articles/normal/poultry-princess)

28 *Teaching Pronunciation* by Celce-Murcia, Brinton, & Goodwin 2010, p. 198-199

29 *The Essentials of English* by Ann Hogue 2003, p. 40

30 *Rules for Writers* by Diana Hacker 2009, p. 296

31 *Insights 2* by Brinton, Frodesen, Holten, Jensen, & Repath-Martos 1997, p. 146

32 *Style: Ten Lessons in Clarity and Grace* by Joseph Williams 2005, p. 161

33 *Rules for Writers* by Diana Hacker 2009, p. 92

34 *New York Times* cover story 2011, October 5

35 *Los Angeles Times* cover story 2011, October 5

36 중1(p. 86, 172), 중2(p. 163, 172) 영어 교과서, 두산동아(김성곤 외)

37 *LA Times* editorial: "The Good Kind of Cloning" 2003, March 13

38 *Write Ahead: Skills for Academic Success* by Linda Fellag 2004, p. 60

39 Retrieved November 25, 2011, from http://en.wikipedia.org/wiki/Pax_romana

40 *New York Times* cover story 2011, October 5

41 *Seventeen Syllables and Other Stories* by Hisaye Yamamoto 1988, p. 37

42 *Harry Potter and the Deathly Hallows* by J. K. Rowling 2007, p. 1

43 *The Grammar Book* by Celce-Murcia & Larsen-Freeman 1999, p. 502

44 *Grammar Dimensions 4 Workbook* by Gene Parulis 2000, p. 167

45 *Focus on Grammar: An Advanced Course for Reference and Practice* by Jay Maurer 2000, p. 397

46 *Grammar Dimensions 4 Workbook* by Gene Parulis 2000, p. 167

47 *Developmental Exercises to Accompany A Writer's Reference* by Van Goor & Hacker 1999, p. 4

48 *Grammar Dimensions 4 Workbook* by Gene Parulis 2000, p. 168

49 *Grammar Dimensions 4* by Frodesen & Eyring 2000, p. 293

50 *Grammar Dimensions 4 Workbook* by Gene Parulis 2000, p. 168

51 *Developmental Exercises to Accompany A Writer's Reference* by Van Goor & Hacker 1999, p. 4

52 *The Grammar Book* by Celce-Murcia & Larsen-Freeman 1999, p. 469

53 *Justice: What's the Right Thing to Do?* by Michael Sandel 2009, p. 56

54 *Teaching Pronunciation* by Celce-Murcia, Brinton & Goodwin 2010, p. 196

55 *Insights 2* by Brinton, Frodesen, Holten, Jensen, & Repath-Martos 1997, p. 146

56 *Composers on Modern Musical Culture* by Bryan Simms 1999, p. 169

57 *The Grammar Book* by Celce-Murcia & Larsen-Freeman 1999, p. 502.

58 *Justice: What's the Right Thing to Do?* by Michael Sandel 2009, p. 125

59 *The Structure of Scientific Revolutions*, 3rd edition, by Thomas Kuhn 1996, p. 3

60 *23 Things They Don't Tell You about Capitalism* by Ha-Joon Chang 2010, p. 173

61 *Harry Potter and the Deathly Hallows* by J. K. Rowling 2007, p. 30

62 *The Grammar Book* by Celce-Murcia & Larsen-Freeman 1999, p. 504

63 *Introduction to Academic Writing* by Oshima & Hogue 1988, p. 96

64 *Independent Writing* by O'Donnell & Paiva 1993, p. 77-78

65 *Super Freakonomics* by Levitt & Dubner 2009, p. 3

66 Retrieved October 28, 2011,
from http://www.wired.com/wired/archive/4.02/jobs.html?pg=8&topic=

MEMO

The Little Red Writing Book